JN186459

三木武夫
元総理の霊言

戦後政治は、
どこから歯車が狂ったのか

大川隆法
RYUHO OKAWA

まえがき

三木元総理は、私と同県人であるとともに、同時代人でもある。「クリーン三木」を標榜し、左翼系マスコミをバックにつけるのに成功した。自民党主流派と対立しつつ、政権運営をする、といった離れ技を演じた。

ただ、外為法違反などという、本来サラリーマンを対象とするような経済法で、一国の元総理を逮捕させたのは、やはり私怨だったのではないか、という疑念が今日も私の念頭からは去らない。

今、お隣りの韓国でも、朴大統領が、友人に国家情報をもらしたかどで、退陣デモが激しく、検察をあおりたてている。従軍慰安婦像を世界に建てて、日本を侮辱してきた同氏をかばうつもりは毛頭ないが、検察がヒーローになる時代は、資本主義の精神が死に、長期の不況と見せしめ政治がやってくる時である。
偽善的正義が世に蔓延せぬよう、注意力を高めねばなるまい。

二〇一六年　十一月二十三日

幸福の科学グループ創始者兼総裁
幸福実現党創立者兼総裁

大川隆法

三木武夫元総理の霊言　目次

三木武夫元総理の霊言

――戦後政治は、どこから歯車が狂ったのか――

二〇一六年四月二十一日　収録
幸福の科学　特別説法堂にて

「霊言現象」とは、あの世の霊存在の言葉を語り下ろす現象のことをいう。これは高度な悟りを開いた者に特有のものであり、「霊媒現象」（トランス状態になって意識を失い、霊が一方的にしゃべる現象）とは異なる。

なお、「霊言」は、あくまでも霊人の意見であり、幸福の科学グループとしての見解と矛盾する内容を含む場合がある点、付記しておきたい。

三木武夫元総理の霊言

──戦後政治は、どこから歯車が狂ったのか──

二〇一六年四月二十一日　収録

幸福の科学　特別説法堂にて

三木武夫（一九〇七～一九八八）

政治家。徳島県出身。一九三七年、明治大学法学部卒業直後の総選挙で初当選。以来連続十九回当選し、五十一年間議員を務める。戦後は協同民主党を経て、四七年に国民協同党書記長として片山内閣の逓信相に就任。自民党合流後も小派閥・三木派を率い、「バルカン政治家」と呼ばれた。自民党では幹事長、政調会長などを務め、運輸相、通産相、外相などを歴任。七四年、金脈問題で退陣した田中角栄のあとを受けて首相に就任した。

質問者　※質問順

里村英一（幸福の科学専務理事〔広報・マーケティング企画担当〕兼 HSU講師）

加藤文康（幸福実現党幹事長）

立木秀学（幸福の科学理事 兼 HSU政経塾塾長 兼 HSU講師）

［役職は収録時点のもの］

1　田中角栄「逮捕」時の総理、三木武夫を招霊する

徳島講演会の直前に現れた三木武夫元総理の霊

大川隆法　いつもながら、急で申し訳ありません。（質問者たちに）何の準備もできない状態ではないかと思います。

里村　とんでもないです。

大川隆法　先日収録した、「田中角栄の霊言」がすでに本として出ており、さらに後日収録した、「福田赳夫の霊言」も、昨日、刷り上がったので、その二冊を読んだところなのですが（説法当時。『天才の復活　田中角栄の霊言』『自民党諸君に告

ぐ　福田赳夫の霊言』（共にＨＳ政経塾刊）参照）、その二人の間に挟まっている総理として、三木武夫さんという方がいます。この方は徳島県出身の総理大臣で、同県からの総理は一人しか出ていません。

明後日、私は、徳島県で数千人規模の講演会を行うので、三木さんとしても気にはなるのでしょう（注。本霊言収録の二日後の二〇一六年四月二十三日、アスティとくしまにて、講演「人類幸福化の原点」を行った。『伝道の法』（幸福の科学出版刊）第3章に所収）。本日の収録は予定していなかったのですが、昼近くになってから、何となく霊言をしたそうな感じで三木さんの霊が来たので、「これは避けられないかな。徳島の講演会が終わったら、たぶん収録されることもなくなると思って来られたのだろうから、しか

現代日本の閉塞感を吹き飛ばすために、何が必要か。『天才の復活　田中角栄の霊言』（HS政経塾刊）

経済通の元総理・福田赳夫が語る日本経済再生の秘策。『自民党諸君に告ぐ　福田赳夫の霊言』（HS政経塾刊）

たがないかな」と思った次第です。

里村　（笑）

大川隆法　また、政治家として、徳島県に関して何かご意見があったりしたら、こちらとしても、参考になるところがあるかもしれませんし、何らかの情報になることもあるだろうという気持ちもあったので、霊言を行ってみようかという気になりました。

三木元総理の出身地・徳島県の土成町

大川隆法　三木武夫さんは徳島県出身の政治家で、一九〇七年生まれ、八八年に八十一歳で亡くなっています。今も生きていたら、百十歳近くになるでしょうか。

生まれが徳島県板野郡土成町（現・阿波市）という所なのですが、そう言われても、地元の人でなければなかなか分からないでしょう。私のホームタウンである徳島県の川島町(現・吉野川市)はここの近くです。

ちなみに、映画「天使に〝アイム・ファイン〟」(製作総指揮・大川隆法。二〇一六年三月公開)のなかで、阿波踊りをしているなかを、芦川よしみさんが通り抜けていくようなシーンがあったと思いますが、これは、川島城のある城山という所です。その川島城がある高台の一角に、吉野川のほうに向けて少し出っ張った「岩の鼻」と呼ばれる展望台があります。そこから吉野川に架かっている潜水橋が見えますが、この橋で中洲の島(善入寺島)を通り越して、向こう側ま

映画「天使に“アイム・ファイン”」(製作総指揮・大川隆法/2016年公開)

吉野川に架かる潜水橋(徳島県吉野川市)。

で渡った所が土成町なのです。

このように、川島町のちょうど北側に当たるので、位置関係としては、私の町からそれほど遠くはありません。

さらに、地元で有名なものとしては、「土柱」というものがあります。浸食されてできた土の柱がギリシャの神殿の柱のように見えるという、一種の変わった景色、奇観があって、徳島の人は、一回ぐらいは遠足などで行く所です。

あとは、ややローカルになりますが、「たらいうどん」などというものもあります。

三木さんはこういうところの出身の方です。

昭和の大不況期に欧米留学したという三木元総理

大川隆法　その後、戦前の昭和十年にサウスウェスタン大学を卒業、昭和十二年に明治大学法学部法律学科を卒業とも言われています。戦前にアメリカ留学をし、さらにヨーロッパにもしばらく行っていたようですけれども、これは、多少、珍しいことかと思います。

政治家としての三木さんを知っている者としては、彼が欧米で勉強をしたイメージがまったくないので、「本当なのかな」という感じが若干しないわけではありません。本当に英語を話せたのでしょうか。

里村　（笑）

大川隆法　そう感じられないのですが、そういうことになっているので、まあ、そうなのでしょう。

ただ、私としては、土成町出身の人が、戦前の昭和十年ごろにアメリカの大学に行き、卒業できていたということが信じられないのです。昭和四、五年あたりには大不況があったころですから、やや信じられないのですが、四年間ぐらい行ったことになっています。このへんについてはよく分かりません。

その後、森コンツェルンの創始者の次女と結婚しているので、政治資金はそちらから出たと思われますが、留学等に関しては結婚前のことなので、この資金はどうしたのでしょうか。両親が出したり、あるいは新聞社から特派員扱いされたという説もあるので、どこかで資金源は確保したのではないかと思います。

いずれにしても、戦前に留学するというのはかなりの難しさなので、万に一つも、そう簡単には行けないものであるはずです。

その影響があったのかどうかは知りませんが、明大卒業と同時期に衆議院議員に当選しているので、議員を五十一年間も務めています。半世紀もの非常に長い間、議員をしていた方ではあるわけです。

1937年(昭和12年)の衆議院選挙に、史上最年少の30歳で初当選した三木武夫氏。(『衆議院議員在職五十年の表彰を受けて』より)

徳島商業学校に入学するも退学処分を受ける

大川隆法　ちなみに、三木さんが通っていた徳島県立商業学校（現・徳島商業高校）は野球が強いことで有名な学校で、二十数回は夏の甲子園に出ていると思います。とにかく、白球が見えなくなる時間まで練習することで昔から有名なところでした。

私が在学していたころの母校・城南高校などは進学校だったもので、徳島商業と当たったら、もうボロ負けで（笑）、「コールド負け」しかないような状態でしたし、とても敵いませんでした。

里村　（笑）

大川隆法　野球部といっても、部員は九人いたことなどめったになく、試合があるときに、サッカー部とかその他の部活から〝駆り出して〟きては、打順を組んで打っていたような状態だったので、勝てるはずもないのですが、とにかく、徳島商業は強豪校でした。その後、池田高校や鳴門高校も有名になりましたが、それ以前は徳島商業が強かったのです。まあ、勉強の面でも、昔はよかったらしいと聞いています。

ただ、三木さんは、学校内で教員の追い出し運動のようなものを指揮した責任を取らされて退学となり、兵庫県あたりの私立を経由してから明治大学の専門部に行っています。そして、その後、アメリカに行き、また明治大学を卒業しているのではないかと思います。このあたりの経緯については、私もよく分からない部分があります。

「クリーン三木」「バルカン政治家」と評された三木武夫

大川隆法　私自身には、「同時代人」としての意識があるのですけれども、三木さんは昭和三十一年（一九五六年）に自民党の幹事長に就任しているので、私が生まれたころには幹事長をしていたということです。それから、昭和四十年に通産大臣、四十一年には外務大臣をしています。

田中角栄政権（一九七二～七四年）は、できた当初は非常に人気があったのですが、金権のところを追及され、「金権政治家」ということですごくダーティーなイメージがつきました。また、悪性のインフレと重なったこともあり、「田中追い出し」のマスコミキャンペーンがそうとう張られ、その結果、「クリーン三木」ということで、首相になるとは思われていなかった人が、突如登場してきたわけです。

時代背景的には、ちょうど私の高校卒業から大学に入るぐらいのころだったので、よく覚えています。

当時は朝日新聞あたりが非常に強い権力を持っていて、朝日新聞が推すと、首相にもなれるし、批判を書けば、その〝朝日新聞の辞令〟で、大臣でもすぐにクビになるような状態の強さだったと思います。

三木派は、自民党内での勢力は非常に弱く、本当に小派閥だったのですが、バックで朝日等の支援を受け、マスコミ世論をうまくつなぎ止めて応援させながら、支持率で政権をもたせていたという状況でしょうか。党内の支持は低かったものの、「クリーン三木」ということで持ち上げさせて、「金権打破」を言いながら、腐敗を糾弾するようなところで頑張った感じには見えました。

そういう意味で、「バルカン政治家」などという言われ方もしたのですが、今では分かりにくい言い方かと思います。

バルカン半島というのは、小国がたくさんあり、なかなかまとまらず、あちらについたりこちらについたりして、敵になったり味方になったりしながら、生き延びなければいけなかったところですけれども、そのように、三木さんも、

バルカン半島

バルカン半島には歴史的に諸民族が混在し、民族間紛争や領土争いが多発してきた。第一次世界大戦前には、「ヨーロッパの火薬庫」と呼ばれるようになり、現代でも民族対立が続いている。

「小派閥ながら、あちらについたりこちらについたり、敵になったり味方になったりしながら、何とかして生き延びた政治家」という感じでしょうか。

それと似たようなタイプとしては、「新党さきがけ」をつくった武村正義さんや、最近では、民主党（現・民進党）で首相になった菅直人さんなどが、「バルカン政治家」というように言われていると思います。

そういうことで、田中角栄さんが金権で失脚し、三木首相になってから田中逮捕を断行しました。これはよく覚えていますけれども、正直なところ、私も、「そこまでやるか」と感じました。

同じ自民党であれば、「元首相の逮捕は、いくら何でも、さすがにみっともない」というところがあるでしょうし、首相であれば、法務大臣に命じ、指揮権を発動すれば、普通は止められるのですが、あえて田中逮捕に持っていかせたようなところがあり、それで、マスコミの人気を取った感じがしました。

三木首相の時代、自民党の内部では、「三木おろし」というのが非常に激しくて、政治的には、あるいは政治学的には非常に珍しい現象だったと思います。

田中（角栄）さんは、「派閥連合をつくり、自分の派閥を養い、他の派閥にも金を撒いて、数の力で勝てば首相になれる」ということを実行した人です。

一方、三木さんは、それとは逆に行って、「党内支持基盤が非常に薄いにもかかわらず、外部の新聞社などの応援によって政権を維持する」ということをしました。

これはまことに珍しいのですが、もしかしたら、意外にこれも〝アメリカ仕込み〟のところがあったのかもしれません。

ドナルド・トランプさんが、すごく目立つようなこと、普通とは逆のことを言って注目を集めたように、三木さんにも、あるいは、そのようなところがあったのかもしれませんが、当時としては、少し意味不明ではありました。

「汚職や金権政治の打破」は、歴史的偉業に当たるのか

大川隆法　なお、三木首相に対する徳島県内の評判としては、「この人には力がな

い」というか、口だけで、「色男、金と力はなかりけり」の代表のように見えていたところはあります（苦笑）。

当時、「本四連絡橋を架ける」という話があって、「淡路島ルートで架ける」というのが最有力ルートでした。これ一本だったら、すぐ架けられたようです。しかし、三木さんが総理になったのに橋が架からないということで、徳島県人は、「力がないなあ。首相が角栄さんで、新潟だったら、すぐ架かっただろうな」ということをずいぶん言っていました。

四国三県、つまり、「徳島県と香川県と愛媛県の三県に同時に架けなければいけない」というようなことになって、どんどん遅くなり、ずいぶん時間がか

（右）本州から淡路島に架かる本州四国連絡橋の明石海峡大橋は、1998年に開通した、全長3,911mの世界最長の吊り橋。（左）本州四国連絡橋。左から、瀬戸内しまなみ海道、瀬戸大橋、明石海峡大橋。

かったのです。

「三木は橋も架けられん」というような批判を、自民党の後援会をやっていた私の親戚なども よく言っていたので、そちらの意味での政治的実績、つまり、「何かを成し遂げた」という意味での実績はあまりないのではないかと思います。

ただ、意識面というか、精神面で、汚職や金権政治のようなものを打破するということが、歴史的な偉業に当たるのかどうかについては、検討しなければいけないところでしょう。

江戸時代にも、そういう「クリーンな政治」のようなことが改革で行われているので、日本人には、そういうことが好きな面もあるのかもしれません。

三木元総理は、仏法真理の目からどのように評価されるべきか

大川隆法　ちなみに、東京大学のゼミで、私を指導してくださった篠原一先生は、三木さんのブレーンだったので、三木情報というか、三木さんの政治家時代の〝裏

情報〟というか、「昨日、三木の家に呼ばれたんだけれども、こんなことを言われた」というような感じのことを、私も聞いてはいました。そのため、そういう意味での親しみがないわけではありません。

また、三木内閣（一九七四〜七六年）のあとには、福田内閣（一九七六〜七八年）が立ちましたが、このころは、派閥争いがけっこう厳しかったころでした。「派閥解消」というような見出しが、いつも新聞の一面に出ているような時期だったと思います。

なお、三木さんとしては、「信なくば立たず」ということをモットーにして政界浄化（じょうか）に取り組んだことが功績になるのでしょう。ただ、「信なくば立たず」自体はよいことかと思いますけれども、これが実際、仏法真理（ぶっぽうしんり）の目で、どのように評価されるべきかは分かりません。

また、「お金」という意味においては、三木さんは角栄さんの対極のようにも見えます。ところが、角栄さんのもう一つの対極は、福田（赳夫）さんでもあったわけです。しかし、福田さんと三木さんでは違(ちが)いがあるので、このあたりの時代を少し探(さぐ)ってみたいと思います。

（立木に）おそらく、現代政治史においては、多少は勉強になるところもありますよね？　ここは、みんな弱いところでしょう？

立木　（うなずきながら）はい。

大川隆法　このあたり、つまり「昭和の戦後政治史」というのは、みんな、そんなに強くはないので、それを知っている世代の者として、多少何か言っておく必要はあるかと思います。

今の若い人に、「三木」と言っても分からないかもしれないし、「福田」と言っても、息子(むすこ)さんのほうの元総理（福田康夫(やすお)氏）を知っている人のほうが多いでしょう。

里村　ええ。

三木元総理を招霊し、「今の考え」を訊く

大川隆法　さて、三木さんが、今、どんな考えを持っているか。死後、考え方が何か変わっているか。死後の政界や国際情勢の変化に合わせて、何か見識を持っておられるか。

あるいは、そういうものがまったく分からない状態でいるかもしれません。この可能性もあることはあります。

先ほど、隣の控え室で、「それで、あなたはどこにいるのですか?」と訊いたのですが、「それを訊いてはいけないだろう。それは話しとる間に分かる場合もあり、分からない場合もあるというのが本当だ。最初から訊こうとするのは横着だ」というような言い方をしていました。

そのため、出ない場合もあるでしょうが、話を聞いてみれば筋としては分かるか

もしれません。偉い人だったのか、偉くなくて、単に運よく（首相に）なったのか。まあ、五十一年も議員をやっているので、「議会の子」であることは間違いないとは思うのですが、「われらとして学ぶべきところがあるような人なのか」というあたりは、少し勉強してみたいところです。

簡単な説明はそのようなところですが、いろいろな質問をしながら、この人の考え方を聞いてみましょう。霊界に還ってから三十年近くになろうかとは思いますので、「今の政界をどう見ているか」、「未来が見える立場にいるのか、いないのか」。あるいは、「徳島の講演会で私に何か言ってほしいことがあるかどうか」なども含めて、訊いてみようかと思います。

（質問者に）では、いいですか。

里村　はい。お願いいたします。

大川隆法　（合掌し）それでは、徳島県出身の政治家で、元首相であります、三木武夫さんをお呼びいたしまして、そのご本心を伺いたいと思います。

元首相、三木武夫さんよ。

どうか、幸福の科学に降りたまいて、そのご本心を明かしたまえ。

徳島県出身の政治家、三木武夫さん。

どうか、幸福の科学に降りたまいて、そのご本心を明かしたまえ。よろしくお願いいたします。

（約五秒間の沈黙）

三木武夫（1907 〜 1988）
明治大学では雄弁部に所属し、弁論で頭角を現していた三木は 30 歳で衆議院選挙に立候補。既成政党の「腐敗」や、「数の原理」で政治を動かすやり方を声高に批判して、支持を集めた。1972 年の自民党総裁選は「三角大福」の争いとなり、田中角栄が当選。三木は副総理に就任したが、74 年の参院選の際に、公然と田中首相を「金権選挙」と非難して閣僚を辞任した。さらに、ロッキード事件の際には、当時首相だった三木は事件の徹底解明を宣言。田中角栄が逮捕されるに至ったが、同時に、自民党内の反発を受けて三木内閣は総辞職に追い込まれた。一貫して小政党・小派閥に所属しながら首相の座に上り詰めるなど、その特徴的な政治家人生から、「クリーン三木」「議会の子」「バルカン政治家」など、さまざまな名で称された。

2 田中角栄ブームは「あってはならんこと」

質問者の〝新潟の匂い〟を気にする三木元総理

里村　三木武夫元総理でいらっしゃいますか。

三木武夫　うーん。

里村　本日は、まことにありがとうございます。

三木総理は、一九三七年に衆議院議員になられてから、五十年余りにわたって、ずっと議員を続けてこられました。そういう意味で、徳島県から出られた、たいへん偉大な政治家であると、私どもは認識させていただいております。

三木武夫　（質問者の里村に）うーん。君、〝匂（にお）い〟があるな。

里村　どのような……。

三木武夫　〝新潟（にいがた）の匂い〟がする。

里村　はい。新潟の……（笑）。

三木武夫　〝金権の匂い〟がする。

里村　いえ、いえ、いえ、いえ、いえ。私ども新潟県人にとっても、三木総理は、たいへん〝思い出深い〟お名前の総理大臣で……。

三木武夫　〝思い出深い〟って、憎まれてるんじゃないか。ええ？

里村　いえいえ。ただ、私も……。

三木武夫　わしを〝殺し〟に来たんじゃないか。

里村　いえいえ、とんでもないです。私事ですけれども、私の家内が徳島県人でございますので。

三木武夫　ああ、そうか。それは、よかったな。

里村　はい。新潟と徳島です。

三木武夫　〝中和〟された。それは、よかった。〝善〟と〝悪〟が中和された。

里村　ええ。ですから、今日は、本当に中道（ちゅうどう）のスタンスでお話をお伺（うかが）いさせていただきますので、ご安心ください。

三木武夫　うーん。

「三木ブームをつくって、逆風を吹（ふ）かせてやる」

里村　まず、お伺いしたいことがございます。

実は、最近、自民党も、安倍（あべ）総理が非常に目立ってはいるものの、その一方で、また、「人材不足」を指摘（してき）する声も出ています。

三木武夫　ふーん。

里村　そういうなかで、やはり、「かつての自民党、あるいは日本を支えた昭和の総理大臣の方々が、非常にクローズアップされる」という現象が起きています。

三木武夫　口うまいなあ、君。

里村　いえいえ。特に、そのなかでも、また、三木総理とも、いろいろな意味でご縁のあった田中角栄元総理の言動が、今、ブームになるというようなことも……。

三木武夫　あっ、けしからんね。

里村　けしからん？

三木武夫　「三木ブーム」をつくって、〝逆風〟を吹かせてやらなあかんな。

里村　ええ。ですから、私どもとしましても、今日の三木先生のお話で、そうした「三木ブーム」が起きるようなことを期待して、お話をお伺いしたいと思っています。

三木武夫　うーん。

里村　まず、あまりにも核心から入りますけれども、今、出ました「田中角栄元総理のブーム」そのものについては、どのようにご覧になっていますでしょうか。

三木武夫　そんなもん、あってはならんことだよ。

里村　あってはならない？

三木武夫　あってはならんことだよ。そういうのは駄目だ。そんなのは駄目。もう駄目ですよ。

　政治家っていうのはねえ、やっぱり、基本的に教育者でなきゃいけないんですよ。だからねえ、自分の襟を正さないで、そんなもん、「金で票を買って、数で勝とう」なんて、こういう〝あれ〟は、時代を間違えてるよ。なんかねえ、本当に、出る場所を間違ってるんじゃないかなあ。

　まあ、「発展途上国で、金で買収する」ってのは分かるけどね。日本みたいな先進国で、そんなことが許されると思うとるのかっていうんだ。ねえ？

今、田中角栄を「天才」と評している石原慎太郎氏に対して

里村　かつて、今の三木総理のお言葉と同じように、金権政治家としての田中角栄

さんを批判した石原慎太郎さんが、今になって、「やはり、角栄さんは非常に天才だった」と……。

三木武夫　ボケたね。

里村　（笑）

三木武夫　石原は、ボケたのよ。

里村　ああ、なるほど。

三木武夫　うん。引退よ。完全引退しないといかん。もう、あの世の死に神が取り憑いとるんじゃないか。そろそろ（こちらの世界に）呼ばないかんね。

田中角栄の「逮捕」を振り返って

里村　ところで、生前、総理大臣になられたときに、新潟県出身の稲葉（修）法務大臣が田中角栄さん逮捕に動きました。この件について、三木首相の〝指揮権発動〟はなかったわけです。

三木武夫　うーん。

里村　これについては、今、どのように回顧されていますか。

三木武夫　別に、なんで指揮権を発動せないかんわ

衆院ロッキード問題調査特別委員会で答弁する三木武夫首相（左）。後方右は稲葉修法相。

けよ？（田中角栄氏は）葬らないかん人やのに。

もう、「しつこく、〝獄中〟から立候補するな」っていうんだ。なあ？　本当に。

「さっさとお縄について、処分されろ」っていう。

あれのせいで……、まあ、君らね、二年何カ月か知らんけど、総理やったぐらいのことでさあ、ほめ称えるんじゃない。彼が総理をやった間は、悪性インフレは流行るわ、石油ショックでトイレットペーパーはなくなるわ、もう本当に何にもいいことなんかなかったのにさあ。過ぎ去りゃ、なんか、〝もとの田沼の匂いが恋しい〟みたいな感じの、〝泥濁りの政治〟が懐かしくなるんだろう？

ドジョウは、そっちのほうがいいんかもしらんけどさあ。鯉はね、そんなところはあんまり好きじゃないんですよ。やっぱり、もっときれいなとこに放されなきゃ駄目なんですよ。

●**〝田沼の匂いが恋しい〟**　江戸時代、老中・田沼意次は積極的な経済政策を推し進めたが、賄賂政治が横行したため批判が強まり失脚する。その後、老中となった松平定信は質素倹約を基本に寛政の改革を行うが、庶民は田沼の政治を懐かしんで、「白河の清きに魚も住みかねて　もとの濁りの田沼恋しき」という歌が流行った。

3 「田中(たなか)金権政治 vs. クリーン三木」の決着は？

「政治家って、もう少し立派でなきゃいけないんじゃないの」

加藤　三木元総理、本日はお話しさせていただき、ありがとうございます。

三木武夫　うーん。

加藤　もうお亡(な)くなりになって二十数年、三十年近くたちます。

三木武夫　うん。

加藤　最初に、里村のほうから、核心(かくしん)めいたお話に入っていっていますが……。

三木武夫　(質問者の里村の身体を指差して) 角栄(かくえい)に似すぎてるもんな？

里村　いやいや (苦笑)。

加藤　(苦笑) そういうわけではないのですけれども……。

三木武夫　ああ？

加藤　当時、三木総理は、総理になられる前から、「クリーン三木」ということで、政治資金規正(きせい)法の改正など、一貫(いっかん)して党の近代化、「金のかからない政治」を……。

●政治資金規正法　1948年に制定された日本の法律。政治活動の透明性を確保することを目的とし、政治団体の届け出や資金収支の公開、政治献金の制限などについて定めている。田中金脈(きんみゃく)問題をきっかけにして、1975年、三木内閣時に全面的な改正が行われた。

三木武夫　うん。大事なことじゃない？

加藤　これを訴えてこられたと思うんですね。

三木武夫　うん、うん、うん、うん。

加藤　一方、その対極である「田中金権政治」が、かなり新聞や週刊誌等から叩かれ、一種の振り子の反動というか、いわゆる「椎名裁定」によって、三木政権が誕生しました。

失礼ながら、本来の党内政治力学では、政権に辿り着くのは難しかったと思うのですけれども、こうした「振り子の原理」で政権が転がり込んできた面もあったと思うのです。

そうした大きな流れのなかで、「田中金権政治」、そして、「三木クリーン政治」

●**椎名裁定**　1974年11月、金脈問題によって田中角栄首相が退陣を表明したことに伴い、当時、自由民主党の副総裁であった椎名悦三郎が、次期首相として三木武夫を指名したこと。

を、今、振り返って、どのように感じておられますか。

三木武夫　だけど、君ら、よく知りもしないだろうけど、懐かしがってさあ、「田中の時代はよかったんじゃないか、日本は景気がよくて」みたいな、なんか、いいような感じに思っとるんだろうけどさあ。

「高等小学校卒で天下を取った」みたいなのが、なんか立身出世みたいで、ええように、まあ、「ジャパニーズ・ドリーム」に見えてるのかもしらんけどさ。

現実になあ、田中のところに行ったら、とにかく現金の束が入ったような紙袋が出てきて、ホイホイ、ホイホイ、もう本当に、菓子折り代わりにくれてさ。十二月に行きゃ、だいたい五百万ぐらい袋に入れて、ポンと渡してくれる。

こういうのを露骨に見たらな、「真っ当に政治をやりたい」と思ってる人間は、なんか、もう嫌になるわなあ。やっぱり、政治家って、もうちょっと立派でなきゃいけないんじゃないの？

だから、本当に〝土建屋上がり〟の感じっていうかさあ、東南アジアの後(おく)れた国あたりが買収で……、なんか賄賂(わいろ)で（政治を）やってる、〝あれ〟によく似た感じだよなあ。

やっぱり、排除(はいじょ)しなきゃいけないんじゃないかなあ、一等国としてはな。

「金権政治」を批判し、「民主主義の理想」を語る三木元総理

里村　ただ、お言葉ではございますが、あえてお伺(うかが)いしますと、「力のある方のところにいろいろな人が頼(たよ)ってきて、ある程度、お金がかかるのは、政治にかかるコスト、あるいは、民主主義のコストとしては致(いた)し方ない部分もあるのではないか」という見方もあります。

これについては、どのようにお考えになりますでしょうか。

三木武夫　いやあ、君らも、それは間違(まちが)っちゃいけないよ。

例えば、とにかく政治に勝とうとしてさあ、宗教で〝集金マシーン〟をつくって、集めて集めてした金で「票」を買い、やろうと思ったらやれないわけじゃないだろう。

だけど、票を、お金をばら撒いて買い始めたりさあ、ダンボール箱で金が移動したりするとね。まあ、そんなのになってきたら世も末だよ。

こんなのじゃないだろう、「民主主義」って。やっぱり違うんじゃないか？ リンカンが金で買収するか？ しないでしょう。やっぱり、「演説」や「人格」の立派さで人の支持を得るんでしょう？

だから、どんな人でも出てきていいわけでさあ。生まれが貧しくても出てきてもいいのは、その人が刻苦勉励して努力して、勉強して、国の政治を真剣に考えてやるから、いいんであってね。

里村　はい。

三木武夫　それは、あかん。金でやれるようになってきたら、これは、「身分制」とは必ずしも言えんけども、やっぱり、「金権政治」っていうのは、古代から見て、あんまりいい政治じゃないわなあ。

だから、幕府だって、なんか、「賄賂をもらって、それだけで優遇して、賄賂を持ってこんやつは、はねつける」みたいなことをやったらさあ、それはよくないわな。役所だって、それは一緒だろうけどな。

加藤　先般、「三角大福」のなかのお一人、福田赳夫さんにもお出でいただきました（注。二〇一六年三月十日、福田赳夫元総理の霊言を収録した。前掲『自民党諸君に告ぐ　福田赳夫の霊言』参照）。

福田さんは、三木元総理とは、多少、党内での立場や政策には違いがあったと思いますが、田中金権政治に対しては同じように批判しておられました。

三木武夫　うん、うん、うん、うん。

新潟三区では「民主主義の本質をめぐる戦い」が行われた

加藤　ただ、一方で、例えば、冒頭、大川総裁のほうから、四国と本州とに橋を架ける話もございましたけれども……。

三木武夫　うん、うん、うん、うん、うん、うん。

加藤　やはり、政治には、多くの国民のニーズに応えて、果敢に実行していくという面も必要であると思うのですけれども、そのあたりはいかがでしょうか。

三木武夫　まあ、政治手法の違いかもしらんがな。

さっき、(冒頭の解説で)「(三木は)アメリカによく行けたもんだ」という話があったけれども。国民は直接には政治家がなかなか分からんからさ、「マスコミが、そういう専門家として、いろいろと追跡して、疑惑を追及しながら、いい政治家を選り分けていく。そして、国民が、その情報に基づいて、選挙して選んでいく」っていうのかなあ。そういう、アメリカン・デモクラシーを、私なんかは勉強はしたんでね。

だから、やっぱり、マスコミのほうから見て、「これは恥ずかしいことだ」と思うようなねえ、汚れた感じの選ばれ方はよろしくないいんじゃないか、と。「金権政治」っていうので、日本人がすごく後れているように見えるんでねえ。

だから、(里村に)あんたはどうか知らんが、当時は、新聞とかで、もう「新潟三区の人間は日本人じゃない」みたいな記事まで出回ってたよね?

里村　まあ、ありましたけどね。

三木武夫　（田中角栄は）「金権」で退陣して、〝獄中〟で立候補して、これをマスコミのほうは、「落とせ、落とせ」の大合唱をやっとったわなあ。にもかかわらず、〝獄中〟からの立候補でトップ当選？

加藤・里村　はい。

三木武夫　これは、おかしい。

里村　最高得票ですね。

三木武夫　だから、マスコミが間違ってるか、新潟三区が間違っとるか。十何万票か二十万票か知らんが、取ってたよな？

加藤・里村　ええ。

三木武夫　「どっちが間違ってるか」っていう、「住民 対 マスコミ」の戦いではあった。まあ、マスコミは東京型のものの考え方をしているのかもしらんけどね。地元の人は、「恩義を忘れん」っていうようなことだけど。これは、「民主主義の本質をめぐっての戦い」ではあっただろうからなあ。

4 「マスコミの本来の姿勢」とは？

文部大臣に「マスコミ関係者」の永井道雄氏を起用した理由

里村　三木総理は、文部大臣（当時）にマスコミ関係者を起用したことがございましたけれども……。

三木武夫　あった、あった。永井さんね。

里村　はい、永井道雄さんですね。やはり、それは戦前の若いころに、欧米に行かれた影響があって……。

●永井道雄（1923～2000）　教育社会学者、評論家。オハイオ州立大学大学院で教育社会学などを学ぶ。京大助教授を経て、1963年、東京工業大学教授に就任。1970年に退職し、朝日新聞論説委員となる。1974年、三木内閣で文部大臣に就任し、1976年12月の内閣退陣まで務めた。

三木武夫　いやあ、それはそうだよ。五十年以上も議会人をやってるからねえ。やっぱり、アメリカン・デモクラシーは、「新聞のない政治と、政治のない新聞とだったら、新聞のほうを選ぶ」みたいなところがあったけど、古きよき日のマスコミの良心に基づいて政治がされることを、やっぱり考えてはいたわな。

「マスコミ人が〝田中型の政治家〟にはなれないでしょう」

三木武夫　まあ、もしかしたら、今は駄目なのかもしれないけどね。新聞やテレビ局も、圧力をかけられたり、いろいろ裏から手を回されて、やられてるかもしれないから。

里村　いや、もちろん、圧力という部分もございますけれども、ここで一つ、マスコミに関して、三木総理の考え方をお伺いしたいことがあります。

確かに、昭和のある時期までは、例えば、三木総理が支えた●石橋湛山さんなど、

●石橋湛山（1884～1973）　ジャーナリスト・政治家。1911年、東洋経済新報社に入社、後に社長となり同社を主宰。戦後、吉田内閣で大蔵大臣となる。1947年、新憲法公布後初の総選挙に当選するも、ＧＨＱにより公職追放。その後、解除され1956年、第55代内閣総理大臣に就任するが、発病のため約２カ月で辞職した。

ジャーナリスト出身で立派な気骨のある政治家はおられました。

また、その時代は、ジャーナリストと政治家が一体となって、戦後の日本をつくろうとしていたと思います。確かに、そうした時期はありました。

ただ、今は、「昭和四十年代ぐらいから、ジャーナリズム、あるいは、マスコミのほうが前面に出てきて、次の総理を決めるとか、総理のクビを飛ばすとかいう動きが出てきた」と言われています。それは、まさに、ロッキード事件あたりから顕著になってきました。

つまり、私どもが思うのは、「現在のマスコミというのは、『日本をつくろう。素晴らしい国をつくろう』と考える人ばかりではないのではないか。そうではない発想が入ってきているのではないか」ということなのです。

そうしたマスコミに対しても、やはり、三木総理は「性善説」で捉えておられるのでしょうか。

●ロッキード事件　米航空機メーカーのロッキード社が日本に大型旅客機を売り込む際、多額の資金が政界の一部などに流れた疑獄事件。1976年に米上院外交委員会で発覚した。前首相だった田中角栄をはじめとした政治家や航空会社幹部、商社関係者が逮捕された。

三木武夫　うーん……。まあ、でも、〝田中型の政治家〟になって「天下取り」するのは、マスコミ人はちょっと無理でしょう、基本的にはね。ああいうふうには、やっぱりなれないでしょう。事業家で金づくりして、やるのはね。

里村　ああー。

三木武夫　アメリカのドナルド・トランプなんか、ちょっと〝そっちの系〟だろう。

里村　うーん。

三木武夫　なあ、似たようなもんだろう。仲間だろうけどねえ。

そらあ、「平民宰相」っていわれた原敬なんかも、毎日新聞か何かの社長をやってたと思うけどねえ。

そういう、言論を張れる人が政治家をするっていうのは……。まあ、明治以降は、その努力、そういう言論の違いをぶつけ合って、どちらを選ぶかっていうような感じで、日本は政党政治をやろうとしてはおったんでね。

「テロによる政治」や「田中金権政治」を否定する三木元総理

三木武夫　これに対して、〝テロル〟（terror）っていうかねえ、テロで要人を暗殺する、そういう凶行に及ぶ個人、もしくは軍人みたいなのが出てきて、政治を蹂躙して、それで「清潔な政治」みたいなことを言うのも、ちょっと、よろしいとは思わんけども。

ただ、戦後は、成り上がり、拝金主義が蔓延したからといって、ほんと、「金さえありゃ何でもできる」みたいな風潮は、やはり、日本の倫理を貶める原因になるからねえ。そういう政治家に国民は見習うからさあ。

だから、（田中角栄の）「日本列島改造論」なんかを懐かしがる人はたくさんいるけど、〝一億総土建屋〟だよね。まあ、（一九八〇年代の）バブルが起きる前の〝バブル〟だよな。

いやあ、それで金が儲かってもいいんだけどさ。「悪い」とは言わんけども、やっぱり、倫理性を失わせたらいかんと思うんだよな。

人っていうのは、泡銭みたいなのをいったん経験するっていうか、例えば、「隣の人が、競馬、競輪で当てて家が建った」みたいなのを聞いたら、人間、やっぱり駄目になるのよ。

だから、まともにねえ、「熱心に働いて、サラリーマンを三十年、四十年やって家を建てよう」と思ってるような人は、もうやる気なくなるんだよ。これだけ聞いたらさあ、もう、「休日に出ていって競艇でもやろうか」とか思うようになる。だけど、みんなこうなったら、やっぱり駄目なんだよ。

だから、石原慎太郎なんかも、今ごろ、「角栄は天才だ」とか言ってるけどさあ、

『日本列島改造論』（田中角栄著／日刊工業新聞社刊）

それは、「角栄が東京都知事をやっとったら、東京都にカジノぐらいつくれただろう」ぐらいに思っとるんだろう。「自分はできんかった」と思うとるんだろう。だけど、そういう発想自体に、ちょっと問題はあるんだよ。

「今は政治とマスコミが談合し、国民を引っ張っている」

里村　今の三木総理のお言葉は、本当にごもっともだと思うんです。「倫理を失ってはならない」と。

三木武夫　うーん、そのとおり。

里村　ただ、「倫理の拠り所として、マスコミを持ってくる」というのは、現代の二十一世紀においては、非常にその弊害も大きくなっているように思うのですけれども、いかがご覧になりますか。

三木武夫　まあ、ちょっと時代が変わったから、同じかどうかは、言えないけどもさ。

ただ、「マス・インテリ」っていうかなあ、みんなが勉強して、「政治家」と「国民」……、まあ、ビジネスマンレベルの国民との知識差も縮んでるし、それから、「マスコミ」と「国民」との差もちょっと縮んでるし、「マスコミ」と「政治家」の差も縮んで、ちょっと似てきてるゾーンに入ってきてるからさ。

里村　ええ、ええ。

三木武夫　例えば、早稲田（わせだ）ぐらい出たのは、みんなさあ、マスコミにもいれば、政治家にもいれば、会社員でもいっぱいいるわけよな。これを見たら、「同じ早稲田じゃん」と思うからさあ。「そんなに意識に差がある」と思わないからね。そういう意味での情報格差が、あんまりなくなってきつつはあるんかもしらんけどねえ。

ただ、それでも、マスコミ人とかで政治をやってる人たちはね、政治に関心はあるけど、今は、もう自民党なんかから抜かれてさあ、そして、政治家になるような……。例えば、女性なんか、美人で頭のええのがキャスターでマスコミに入るからさ。こういうのを抜いたら、トップ当選を取れるからさ。そういうふうに抜かれるので。

そういうところで懐柔されてさあ、それでマスコミのほうもちょっと腰抜けになってるけど。やっぱり、本当のマスコミは、基本的には、「権力を監視し、腐敗を摘発し、弱者の味方になって、弱者をいじめているような政治に対しては徹底的に戦う」みたいなのが、本来のマスコミ人の姿勢だわなあ。

だから、そのへんが、今は、そうはっきりはしてなくて、もうマスコミも権力の一部のなかに巻き込まれているかもしれないし、「政治」と「マスコミ」が談合しているなかで、国民を引っ張っている。

要するに、政治のほうが、マスコミを「政治の一部だ」と思わせるのに、だいぶ成功してきたところはあるわな。

里村　なるほど。

三木武夫　これは、私たちの時代とは、ちょっと変わったかもしれないがなあ。

5 「政治とカネ」についての三木元総理の見解

「政治資金規正法」の改正後に出てきた課題

加藤　このあと、「現代の自民党政治をどうご覧になるか」というお話をお伺いしたいのですけれども、その前に、大川総裁のほうからも、「戦後の昭和の政治史については、みんなそれほど強くない」というようなお話もございましたので、もう少しだけ振り返らせていただきたいのですが……。

三木武夫　うーん、うん、うん、うん、うん。

加藤　やはり、三木内閣というのは、自民党の歴代内閣のなかでも、かなり特異な政権だったなと思っています。

三木武夫　まあ、それはそうだ。

加藤　今振り返りますと、その後の日本にかなり大きな影響を与える政策決定を幾つも行っています。

例えば、「政治資金規正法の改正」や「公選法の改正」、「防衛費対ＧＮＰ一パーセント枠の閣議決定」や……。

三木武夫　ああー、うーん、うーん。

加藤　また、「政治家の靖国神社参拝」について、「私的参拝か」「公的参拝か」などという議論も、実は三木総理のときから始まったかと思います。

●公職選挙法　1950年に制定された選挙について規定する日本の法律。衆参両議院の議員、地方公共団体の長や議員の定数および選挙手続き、選挙運動、罰則など広範囲に及ぶ。三木内閣時の1975年に改正が行われた。

三木武夫　うーん。

加藤　それで、もうあの世に還られて三十年近くたちますが、このあたりを振り返って、ご自身の内閣の功罪というか、位置づけをどうご覧になっていますか。やや抽象的な質問になりますけれども。

三木武夫　まあ、「政治資金の規正」等については、君ら、政治運動もちょっとやってるんだろうから、「かえって不自由で嫌だ」とおっしゃるだろうけれども。ただ、できるだけ、既得権を持ってる人だけが有利にならないようにするには、やっぱり、期間や金額等で制約をかけていかないと、やっちゃうからねえ。もう「政治に無限に金を使っていい」っていうんなら、やっぱり〝あれ〟だし。

まあ、アメリカでも、確かに、「大統領選をやるのに、何百億も金を使う」とかいうのは、ちょっと普通の人はできないよね。こんなのねえ。よっぽど既得権がないかぎりできないので。

加藤　うーん。

三木武夫　やっぱり、「新しい人が参入できるように」ということで制限をかけたんだけども、現実には、「法律の目」が細かくなりすぎて、若干、動きにくくなって、長くやってるやつが、「法の網」をくぐりやすくなってる。

里村　はい、そうなんです。

三木武夫　まあ、難しすぎるんだよね。あれ見て、サラリーマンとか会社の社長とかをやったような人は、あんまり出たくなくなってくることは、現実にはあるわな。

これも永遠の課題なのかもしれないけどねえ。

「政治資金規正法」や「公職選挙法」についての三木元総理の考え

里村　今、総理がおっしゃったように、三木内閣時には政治資金規正法や公職選挙法についても改正されました。そうした動きはあったわけですが、まさに今、既得権益をそのまま続けさせないための法律なり、ルールなりが、新規参入を阻む方向にブレてしまいました。これは、実は、一九七〇年代の三木総理の時代から、現代の私たちにつながる大問題だと思っています。

三木武夫　うーん。だけど、微妙なんだよなあ。そういう問題もあれば、ちょっと前の時代になりゃあ、例えば、茨城あたりで日立（製作所）とかがあるようなところだったら、日立の洗濯機が飛び交うとかさあ。まあ、「洗濯機を一台くれたら、一票入れる」とか、「一票の値打ちで洗濯機一台もらえる」とかさあ（笑）、そこまでやり始めたら、きりがないからなあ。これは、やっぱり、ちょっといかれてるよな。

そういうこともあるし、君らの子供時代だって、政治家なんか、そらあ、盆暮れに何か送ってきてたやろう、家に。持ってきてたやろう? たぶん、そういう時代だと思うんだけどさあ。やっぱり、限界はあるわな。

（政治家に）お金がないと、「あそこの政治家は物のくれようが悪い。こちらのほうがもっとええもん、くれた」みたいな、こういう競争で、「盆暮れに持ってきた物の額が違う。ええもん持ってきたほうに入れる」みたいなのだったら、やっぱり、これは、政治の方向や正しさという基準で選んでるんじゃないよね。

「自分がどれだけ得したか」で選ぶような感じになってたら、何かが違うんじゃないかなあ。「違う」ということを、法律的に何かPRしないと、やっぱり、まずいんじゃないかねえ。

三木元総理に「国を富ませる」という発想はあったのか

加藤　私事(わたくしごと)で恐縮(きょうしゅく)なのですけれども、ちょうど、私が大学生だったころは、田中(たなか)金権政治の全盛時代で、三木元総理が、「田中角栄(かくえい)君驕(おご)るなかれ」という題で『文藝春秋(ぶんげいしゅんじゅう)』に寄稿(きこう)なされたりしていました（一九八二年）。

三木武夫　ふーん。

加藤　クリーンな政治を実現するために、孤高(ここう)に戦っておられる姿を見て、「いや、本当にすごいな。三木さん頑張(がんば)れ！」と思っていたのです。

三木武夫　（加藤に）君、そんなに年取ってんの？（会場笑）

加藤　それはそうなんですが……。

三木武夫　はあ？　ええ？　若く見えるけどね。

加藤　五番町の三木事務所に、何かできないかと行ったこともあるんですよ。

三木武夫　あ、君、そんなに年取ってんの？

加藤　はい（会場笑）。ただ、あれからもう三十数年がたちまして思うのは、確かに政治というのはクリーンさが大事ですが、一方で、決して「法律を犯せ」とは申しませんけれども、やはり、「もう一段、力強いダイナミックな発展によって、国をより富ませ、国民をより豊かにしていくための牽引役」という役割も必要なわけです。

三木武夫　まあ、それはあるわ。

加藤　そこのバランスが何とも難しいことは承知していますが、そのあたりはいかがでしょうか。

三木武夫　いや、それはちょうど今のアメリカの図と重なるんじゃないですかねえ。そのー、演説のうまいオバマさん？　それから、ヒラリーさんも演説はうまいわなあ。両方ともインテリだし、演説はうまいが、「実業家」として成功したような体験はないよな？　それに対して、「実業家」出身の共和党のトランプさんが出てきたりしてる。

あれも、やっぱり、「金儲(かねもう)けの仕方を教えてくれ」っていうか、「分かってる人にやってもらいたい」っていう気持ちが、一部、強く出てきてるんだろうなあ。

まあ、全体に、景気の動向もあるからさあ、役人とか、政治家しかやったことがない人間にとっては、「これは分からん」というところがあって。税金で集めた予算を使うだけだったら、〝消化〟だからな。

そういう、「儲けるところから使うところまで、つまり、投資して、さらに大きくしていくようなところまで、知ってる人に全部やってほしい」っていう気持ちが出てるのは、それは、それとしては感じてるよ。まあ、それはねえ。

里村　はい。

三木武夫　角さんは、そらあ、金儲けの天才だったし、それを梃子にしながらいろんなかたちで上がってきた。まあ、学歴がなくても、勉強してやれる可能性を示したところについては、私も一定の評価はせんわけではないけども。

だけど、複製がいっぱい出てくることには反対なわけよ。まあ、角さんぐらいならいいけども、クローン人間というか、彼の複製みたいなのが次から次からいっぱい出てくるのは、やっぱり、ちょっと勘弁(かんべん)かなあっていうところはあったわなあ。

里村 なるほど。

6　三木武夫がつくった「負の遺産」とは

三木内閣の時代から始まった「財政赤字」

里村　先ほどの加藤の質問ともつながるのですけれども、「クリーン三木」という言葉は、私も三木内閣当時は中学生でしたが、よく覚えております。

個人としては、「クリーン」を標榜されたわけですが、一方で、三木総理の時代から「赤字国債」というものが始まっております。いろいろなかたちで使われて、時代によってその額が多くなったり、少なくなったりしていますけれども、今は国の借金が一千兆円にもなります。

三木武夫　はああ。大きすぎてちょっと、一瞬、クラッときたねえ（笑）。一千兆円？

里村　ええ。一千兆円でございます。

三木武夫　ほおー。

里村　最近、大川隆法総裁はこれを、「合法的買収である」とおっしゃっています（二〇一六年四月十七日、京都府・宇治市文化センターでの講演「歴史の先駆者となるために」。『正義と繁栄』〔幸福の科学出版刊〕所収）。つまり、政治家が選挙においてお金を使ったら、クリーンではないことになるのですが、

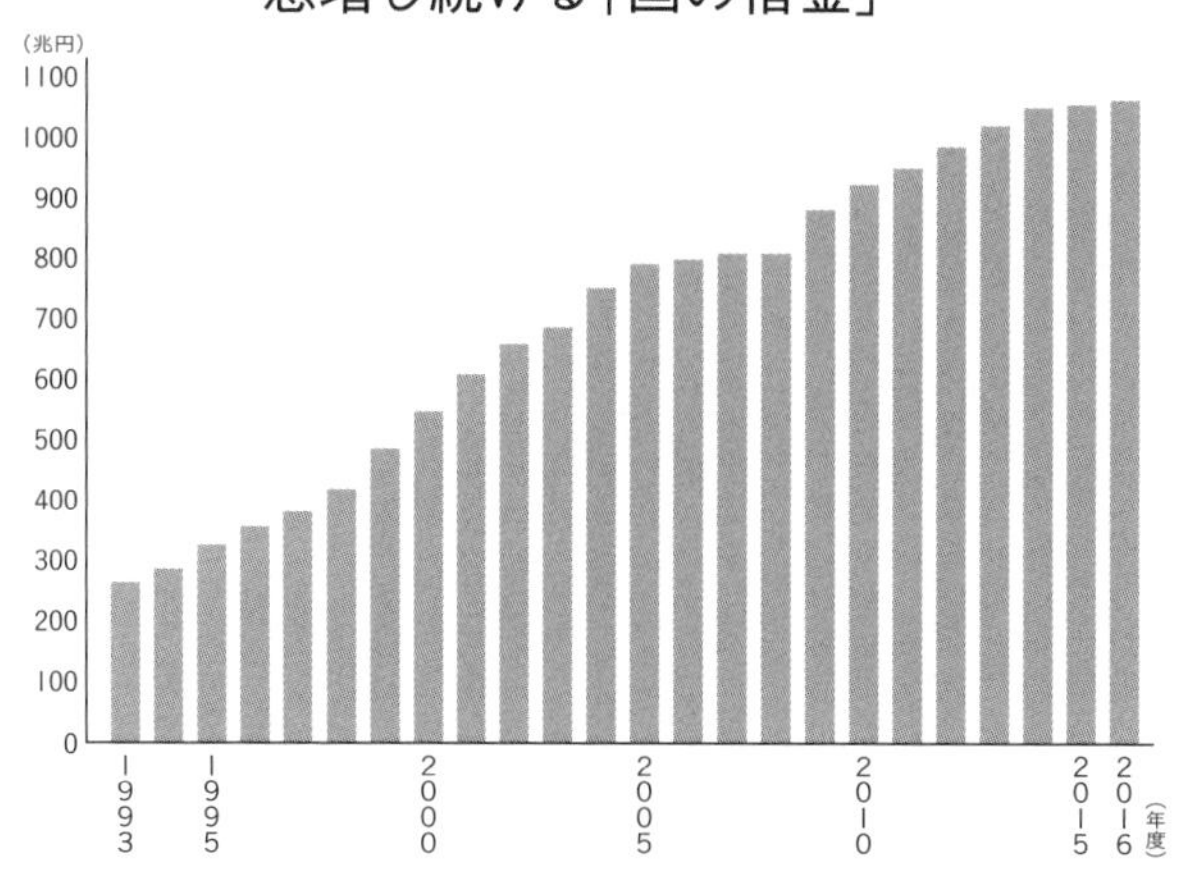

国債や借入金、政府短期証券を合わせた「国の借金」は、2016年９月時点で1062兆円を超えた。このうち、国債が926兆1383億円を占めている。
（2016年は９月時点、他は年度末時点）

いざ、与党の立場で政治を行ったら、これが突然、合法的に可能になるというわけです。そういう意味で、「個人としてはクリーンであられたけれども、政治の持っていき方において、今の日本の財政赤字一千兆円につながるものが、三木総理の時代から始まった」という指摘をしたら、やはり、反論はおありでしょうか。

三木武夫　まあ、確かに「公の豊かさ」とかね、「国民全体が豊かになる」っていうこと自体は、私だって否定する気はまったくないので、それはいいことだと思うのよ。

ただ、いわゆる「クリーンハンドの原則」で、指導者としてそれを導く者が、〝自分の手が穢れてる〟のはあんまりよろしくないよね。

だから、角栄さん型の問題はね、お金がそういう力を持つこと自体は分かりますけれども、彼は土建屋的発想をするから。

例えば、政治家でさあ、当時の運輸大臣みたいなのをやっとりゃあさあ、どこに

●クリーンハンドの原則　「裁判所に訴える者は、きれいな手をしていなければならない（悪いことをしている者には、他人を訴える権利はない）」という、イギリスの慣例法に由来する法原則。

線路を敷こうとしてるかぐらい分かるじゃない。な？　そういうことで、将来、値上がりするのが分かってる土地を買っといてさあ。「田中土建」かなんか知らんけど、土地をたくさん買っといて。それで、値上がりしたらさあ、バンッと売って、（利ざやを）抜いたら、それ正式に政治資金ができるじゃない、パーンッとね。

里村　はい。

三木武夫　こういうことを個人でやりながら、あとで、「国民さん、あんたがたも儲けられるからええじゃないか」みたいなのは、ちょっと違うんじゃないかなあっていう。

私のほうを揶揄して、「武士は食わねど高楊枝」といえば、おそらくそのとおりだろうとは思うけどさあ。

いやあ、国民を豊かにするのに反対はしてないけど、「自分がまず豊かになってから、国民にちょっとおこぼれをやる」っていう考え方は、やっぱり、私利私欲が先に立ってるじゃない。

里村　なるほど。

三木武夫　「私利私欲が先に立つ人」っていうのは、歴史を勉強したら分かるけどさあ、そういう人でねえ、国民の信任を集めた人っていないよ、基本的には。

「田中角栄の逮捕」や「赤字国債の発行」についての反省はあるのか

里村　霊言の最初のほうから、田中角栄元総理を常にアンチテーゼとして挙げながらお話をされていますけれども、一方で、政治家は決して道徳家ではございません。

三木武夫　なるほど、そう来るかあ。

里村　ええ。やはり、結果の部分で、後世に評価されるところも大事なわけです。三木総理の時代にロッキード事件が起き、マスコミもそれを囃すことによって、「田中角栄前総理を逮捕する」という方向に持っていきました。また、三木総理は「クリーン」を標榜しながら、赤字国債を発行していきました。

今、これについての反省というのはないのでしょうか。

三木武夫　いや、まあ、（財政赤字が）「一千兆円」と言われたら、私もちょっと、頭がクラクラするので。

里村　はい（笑）。

三木武夫　（苦笑）当時は、当然そんな大きなものではなかったので、ちょっとクラッとくるんだけど……。

まあ、「一部、予算を増すために」というようなことは考えたけど、今、私が総理をやってて、一千兆円（の借金）をボンッと持ってこられたら、さすがにそれは辟易するから、ちょっと分からんけどね。

何だろうかねえ……。いや、問題はね、私自身の問題というよりは、例えば、「田中角栄 対 宮澤喜一」みたいな感じのものがあるんじゃないかと思うんだよなあ。だから、ああいう無学歴の人でも、金儲けした人が国を率いたほうが、国が豊かになると考えるか。それとも、インテリの代表のような宮澤喜一みたいな方がいいのか。

でも、戦前から外国に留学して、英語もペラペラでねえ、選ばれたエリートで、東大を出て、大蔵省を出て、能力が余ってるように見えた方（宮澤喜一氏）が、実際に総理をやってみたら、日本を破滅の二十何年に送り込んだ。バブル崩壊を起こして、「本当に、実体経済を分かっとったんか」っていう。理論的にだけ教科書のなかで頭にあっても、「実際やったらどうなるか」っていうの？　ケースが違えば、分からんもんね。
だから、こういうところの対立が、国民のなかでの「迷い」を生んでるような感じはするけどねえ。

里村　ただ、私が言いたいのは、三木総理は、その「迷い」を増幅する役割を果たされたのではないかということです。

三木武夫　いや、私はその〝中間ぐらい〟にいる者であって、そんなに特別に極端なところにはいないんですがねえ。

「ロッキード事件」にまつわる秘話

加藤　一千兆円については、隔世の感があるということで、少し置いておきまして……。

三木武夫　うーん、それは、さすがに大きすぎて、ちょっとクラッとはくるなあ。

加藤　ロッキード事件について、もう少しだけお伺いしたいと思います。

三木武夫　「ロッキード」で来るかあ。

加藤　ロッキード事件での田中角栄元総理の逮捕では、「指揮権発動」は禁じ手でもあり、実際なされませんでしたが、逆に、三木総理による「〝逆〟指揮権発動」があったという噂も飛び交いました。

　このあたりの昭和政治の秘話を、せっかくの機会なので教えていただけないでしょうか。

三木武夫　うーん……。まあ、それは多少、私にもね、何て言うか、スタンドプレー的な面はあったかなとは思うけどね。「田中逮捕をやったら、歴史に名前が遺る」っていうのは、それは分かるわね（笑）。

それに、だいたいマスコミの大部分は、自分らが手柄をあげたような気になるからさ。「敵の首を取った」っていう感じで。

そういう意味で、マスコミの支持で……、まあ、自民党内の支持がなくて政権を取ってる者としてはねえ、力学的には一つの考え方ではあったと思うんだがな。

ただ、擁護する人から見りゃあねえ、「一国の総理大臣ともあろう人を、ハエ叩きで落とすみたいな叩き落とし方をした」っていうかさあ。外国からの、外為法違反みたいな、そういう経済法で引っ掛けて捕まえてねえ。

まあ、（田中角栄氏は）最期、晩年は悲惨だったからねえ。彼も車椅子になって、寝たきりになったりして、けっこうひどい〝あれ〟になってたからねえ。

だから、彼を応援する人から見りゃあ、国民というか……、国民でもないんだけれども、「選挙民のために、役に立つことを一生懸命やった人間が報いられないでいいのか」みたいなところはあったんだとは思うけどね。

それに対して、「三木が総理になっても、徳島県はいっこうに発展せん」と、いまだに言われとるから、まあ、そうなんだろうけどさあ。

まあ、「理念でやってた」っていえば、そのとおりだけどな。

「防衛費GNP一パーセント枠」を決めた意図は？

里村　今、「理念」という言葉を使われたので、お伺いします。

これも、先ほど加藤のほうから幾つか挙がったものの一つですが、「GNP一パーセント以内」という防衛費枠をつくられました。

あるいは、三木総理の時代に、核不拡散条約を批准しています。

ある意味で、これらは全部、今の日本の環境のなかで、安全保障上の大きな足かせになっている部分があります。

もちろん、「当時としては、予測できなかった」という言い訳も成り立つのですけれども、当時、何ゆえに、日本の防衛に自ら手枷足枷をするようなことをされたのでしょうか。

三木武夫　いやあ、今の君たちが言ってることとはだいぶ違ってね、当時はまだ、要するに、戦争中と敗戦後に生きてた人がだいぶ多かったからね、時代としてはね。

だから、学校教育もそうだし、一般的に、世論としてもやねえ、「先の第二次世界大戦での敗戦は、失敗だった」っていう認識が多かったし、「ああいうことは二度とないように」っていう考えが多かったでね。

防衛費GNP比１パーセント枠問題について話し合う、左から加藤紘一防衛庁長官、藤波孝生官房長官、三木武夫元首相（1985年８月撮影）。

そういうことで、「そういうふうなのが起きないように」ということが主流だったわけで。

これは私だけでなくて、ほかの自民党の政治家も似たようなもんだったろうし、野党もそうだったし、マスコミもそうだったし、教員もそうだったと思うし、そんなに大きく〝ズレて〟たもんではないんだよなあ。

まあ、「それから何十年も先の見通しが立ってなかった」と言えばそうだけれども。

当時、ソ連の脅威はあったかもしらんけど、こんなの、「日本なんか、もうどうしようもない」っていうかさあ、蟷螂の斧だよな。カマキリの斧みたいなもので、日本が自衛しようが自衛しまいが、そんな大して関係がなくて（笑）、ソ連が本気になりゃあ、そんなもん、一カ月ももつわけはない。一週間もあれば終わっちゃうからさあ。

だから、もう、アメリカが本気で戦うかどうかだけの話で、「アメリカ 対 ソ連」

の戦いで、日本はかたちだけ、まあ、一週間もてばいいかなっていう。

正直に言って、一週間だったね。私たちの防衛構想は、一週間。「アメリカ軍がやってくるまでの間、一週間ぐらい何とか持ち堪えて、できれば、一カ月持ち堪えたらいいかな」ぐらいの、一週間から一カ月の幅ぐらいしか、防衛としては構想がなかったんで。それ以上もつことは考えてない。それ以上やったら負けるっていうか、占領されるだろうなあとは思ってたんで。

だから、「アメリカに頑張ってもらうしかない」っていうことで、日米関係は多少よくするぐらいしかなかったわなあ。

里村　そういうお考えでいらっしゃったわけですか。

三木武夫　ああ。

岸信介元総理への回想

立木　今、日米同盟に関して、お話しされたかと思うんですけども、まあ、古い話になりますが、岸信介首相のときに、●六十年安保がありました。あのときに、岸首相は、「これを通さないといけない」ということで、批准しようとしたのですが、三木総理は採決のときに、反対という立場から退席されたと思うんですけれども。

三木武夫　細かいな、君。意外に。

立木　ああ、すみません（苦笑）。

三木武夫　君も若く見えるんやけどなあ。

●六十年安保　1957年、岸内閣によって日米安全保障条約の改定交渉が行われ始めた。1960年5月、衆議院の委員会で、新条約案が強行採決され、続いて本会議を通過。その後、国会議事堂の周囲をデモ隊が連日取り囲むなど、大規模な反対運動が起こったものの、条約は6月に自然承認。その直後、岸内閣は退陣した。

立木　いや、いや、いや、いや。

三木武夫　見てきたように言う。

里村　いえ、立木はよく勉強していますので。

三木武夫　まだテレビは普及してなかったんちゃうか？　一九六〇年ぐらいにテレビはあったかなあ？

里村　ええ。始まってはいましたけれども（苦笑）。

三木武夫　あったかねえ。まだ普及してないよー。

立木　まあ、そのあたりの防衛や、安全保障に関するお考えは、どういったものをお持ちだったのでしょうか。

三木武夫　うーん、まあ、岸はねえ……。

いやあ、どっちかいうと、私はあちらのほうだったんで。南原繁とかさあ、丸山眞男のほうが、なんか話としてはよく分かるっていうかさあ。

立木　丸山眞男さんとは、けっこう親しくお話しされていたと聞いています。

三木武夫　うん。そちらのほうが議論的にはね、通じやすくはあったんで。

岸みたいな、もしかしたら戦前に暗躍してたんではないかと思われるような方が、戦後、放し飼いにされて出てきた。まあ、ムショ（刑務所）で一生つないどってもいいと思ったのが、野に放たれてさあ。それで、総理に返り咲いてくるっ

●南原繁（1889〜1974）　政治学者。キリスト者。1945年12月、戦後最初の東京大学総長に就任し、1951年までの6年間を務める。戦後のサンフランシスコ講和条約締結の際に、中国やソ連などを含めた「全面講和論」を唱えた。主著『国家と宗教』『フィヒテの政治哲学』等。

ていうのは、これは戦前の反省をないがしろにするもんじゃないかというような感じで思ってたところはあるんでねえ。

●**丸山眞男**（1914～1996）　政治学者、東京大学名誉教授。左翼の論客として、1960年の安保闘争の理論的リーダーでもあった。自身のゼミから多数の政治学者を輩出し、「丸山学派」と呼ばれた。主著は『日本政治思想史研究』『日本の思想』等。

7 毛沢東や鄧小平は「偉大な方々」

日本が防衛費を抑えている間に中国が軍拡したことは「理解できる」

加藤　三木総理は、「日中国交回復」に推進派でした。何かと対立していた田中角栄さんとも、最終的にはそこで政策協定を結んで、田中派支援に回り、田中内閣にも副総理として入閣されたと聞いています。

三木武夫　うん、うん、うん、うん、うん。

加藤　ただ、その後の数十年、今日に至るまでの中国の異常なまでの軍事的な拡張や、その結果、日本の国が受けている脅威については、どう感じていらっしゃいますか。

三木武夫　まあ、それはずいぶん最近の事案に当たるので、私らが感じてることや持ってる情報が、どの程度、精度があるかどうかはちょっと分からないけどね。あの世は、この世とはだいぶ様相を異にしてるのでねえ。同じではないかもしらんけれども。

戦前、日本が、朝鮮半島はもちろん併合してたし、中国の大大陸を縦断して、北から南までザーッと取っていったこと自体は事実なのでな。現実に、侵略といえば侵略をやっとったわけだからさあ。それは覚えてた世代なので。今の人たちは知らないだろうけど、覚えてた世代なのでね。

だから、中国が今、武力を拡張してきたといっても、（日本から）そういうことを二回やられないように、自衛のためにだんだん大きくしてきたっていうこと自体は分かるし。

それに、日本のGDP（国内総生産）がどんどん……、まあ、GNP（国民総生産）かな？　当時はGNPで、今はGDPだけど、それが、どんどんどんどん大きくなってきたらさ、本気になりゃあ、いつでも自衛隊を軍隊として拡張できるじゃない。

もし、「一パーセント枠」っていうのを、「十パーセントまでは軍事費を使ってもいい」とか言ったら、とたんに十倍になるでしょう？

だから、やろうと思えば、ある日突然にだねえ、岸さんみたいな総理が出てきて……。まあ、今、安倍さんがそうかもしらんけど、急にやる気になったらさあ、急に軍事大国になってきて、あっという間に、今、中国に侵攻することだってあるわけだからさあ。

日本がまだ「一パーセント枠」だとかね、先の反省をやってるときに、（中国は）せせこと防衛力をつけようと急いでやってたっていうの？　まだ、一般国民はそんな十分に食べられない時期に、「軍事にお金を惜しんだら、いつまた同じようなことが起きるかも分からん」と思って、彼らが拡張しておこうっていうのは、ある程度、理解はできるわけよ。

それが大きくなりすぎたかどうかについては、異論はあるけど、アメリカに挑戦するところまで行くっていうのは、私たちの時代では少し読めない。それは読めないねえ……。

里村　ただ、今、三木総理がお話しになった内容というのは、まるで、「毛沢東や鄧小平に言わせたら、こうなる」という話です。つまり……。

三木武夫　いやあ、そらあ偉大な方々だからさあ。

里村　い、偉大な……!?

三木武夫　うん、そら、そうでしょう。

里村　やはり、三木総理からご覧になると、そうですか。

三木武夫　いや、毛沢東は偉大でしょ。

「中国と友好関係を持っていれば、安全保障問題は起きない」？

里村　例えば、今、「日本が中国を侵略した」とおっしゃいました。あの当時に、まるで中国というか、「中国共産党」という統一国家があったような話になっていますけれども、ソ連の南進、あるいは、中国自体の内乱のなかで、日本としては、やむをえざるところで、中国大陸まで入ったところもあります。

三木武夫　うーん。

里村　今の三木総理の話で言いますと、南シナ海で滑走路をつくり、ミサイルを配備している中国の動きは、日本に対しての自衛であり、備えですか。

三木武夫　いやあ、そらあ、違うんじゃないかなあ。歴史的に見たらさあ、昔の中国の歴史を見たら、そんなベトナム辺まで中国領だったことなんか、いくらでもあるわけで。彼らから見たら、自分の領土になったり、なくなったり、こういうのは繰り返し起きてることで、中華圏だと思ってるんだろうと思うんだよ、だいたいな。

だから、「マレーシアあたりぐらいまでは中国でもいい」と、たぶん思ってるんじゃないかな。中華圏だよね？　間違いなくな。華僑で勝手に向こうで儲けてるのはいっぱい知ってるけどさあ、その資金を中国本土にもうちょっと〝吸い上げたい〟と思ってるわなあ。

里村　三木総理は、習近平さんが本音で言いたいことを、今、おっしゃっています（苦笑）。

三木武夫　ああ、そう？　まあ、中国人民にはずいぶん迷惑かけたからさあ。だから、その程度の〝お返し〟は要るんじゃないの？

立木　ただ、そうなりますと、日本としては、航行の自由とか、シーレーンのところとかで、極めて国益が毀損されるといいますか、安全保障上も問題が出るのかなと思います。

三木武夫　いや、そらあ、君ねえ、〝起こってから〟言わないかんわけで……。

里村　起こってからですか⁉　ちょっと待ってください！

三木武夫　まだ事件が起きてないのに……。

里村　いや、いや、いや（苦笑）。

立木　起こってからだと遅（おそ）いと思うのですけれども。

三木武夫　いや、中国への侵略は現実にあった歴史的事件だけどさ。

里村　いや、いや。侵略ではないです。

三木武夫　例えば、「中国が日本に対して、貿易をさせず、兵糧攻（ひょうろうぜ）めにして、あるいは日本を攻め取った」と。まあ、「九州ぐらい取った」とかいうなら分かるけど、まだ起きてないことに対して、そういうね……。

そりゃあ、彼らがどういうふうに政治的決定をするか分からないわけだから。それは外交上の問題で、友好関係を持っとれば、そういうことは起きないかもしれないわけだからさあ。

里村　いや、起きてからでは遅いのが、安全保障ですから。

三木武夫　うーん、いやいや。「起きてから」ったって、まあ、よくは分からんけど。「アメリカ 対 中国」による世界の覇権(はけん)をめぐる戦い

三木武夫　今の中国の経済拡張も、要するに、日本を抜(ぬ)いたんでしょ？

里村　数字上は抜いております。

三木武夫　私たちのころは、そらあ、もう全然、日本に勝てるようなレベルじゃなかったから。十分の一もなかったんじゃないかなあ。
だから、もっともっと下だったと思うし、とても相手にならないぐらいに思ってたから、ちょっと予想はそこまでしてなかったな。中国の発展のために、ちょっと協力してやらないかんという気持ちが、まだあったからさあ。

里村　ほおお。

三木武夫　そちら（中国）のほうが日本より大きくなって、アメリカに挑戦するなんてのは、ちょっと予想できなかったんで。
その前に、「米ソ戦で、もしかして世界は終わりになるかもしらん」という時代だよな。「米ソ戦で原爆戦争でもしたら、もう終わりかも」と思ってた時代だったんで。

まあ、中国がそこまで回復するっていうのは、ちょっと予想してなかったけれども、もしソ連に代わる勢力として、中国がそれだけ強く出てきているとするならば、もう一回、世界の覇権をめぐっての戦いは起きるんだろうとは思うけどね。

それが、実際の熱戦になるか、コールド・ウォー、まあ、冷戦になるか……。今のところ冷戦のままで、もしかしたらソ連と同じように続いてって、決着がつく可能性もあるので、アメリカが没落、衰退していけば、そらあ、「中国の勝ち」になるかもしれないし、アメリカが巻き返せば、「中国のほうは戦わずして敗れる」かもしれない。

まあ、これは、世界的に知恵が、今、試されるところなんだよなあ。

日本の未来に対してネガティブな三木元総理

里村　ただ、ちょっとお伺いしていますと、本来、元総理であれば、「日本を護る」、あるいは、「未来にわたる日本の繁栄を護る」という観点からのお言葉が出なければいけないものに対して、言ってみれば、「どうなるか分からない」と。

三木武夫　だからさあ、私らのころは、何て言うか、自衛隊だって違憲論はけっこう強かったしね。「憲法九条が改正できてないのに自衛隊がある」っていうこと自体が、違憲性があって強いのに。あとは日米同盟でさ、米軍に護ってもらうというだけであって、岸さんがそれ（日米安保改定）を断行することさえ、反対があったぐらいのことだから。「むしろ、アメリカと組んでないほうが、安全なんでないか」っていうような考えもあったわけでしょ？　中立して……。

里村　まさに、南原繁元東大総長とか、丸山眞男さんとかですね。

三木武夫　そう、そう、そう、そう、そう。「双方と対等にやらないと安全でない」

っていう考えもあったわけで。
まあ、今の安保反対の平和主義？　左翼の平和主義者たちも、たぶん、「アメリカと共同で戦うみたいなことをすると、むしろ敵に攻撃されるんではないか。そういうのは危険なんじゃないか」という、まあ、そういう考えだろうから。
　そらあ、イデオロギー的に、そういう戦いは当然、起きるわなあ。

立木　米中の覇権争いを目にして、三木総理は、日本がどのように舵取りをすればよいとお考えですか。

三木武夫　まあ、歴史的にも、この二千年ぐらいを振り返りゃあさあ、「中国のほうが日本より強かった」というのなんかは、ほとんどだからさあ。

里村　いやあ、そうですか（苦笑）。

立木　ということは、要するに「日本は中国の属国になってもやむなし」というお考えでしょうか。

三木武夫　隋・唐の時代も、その前の時代も、やっぱり強かったよ。

里村　ほお、ほお、ほお。

三木武夫　だからねえ、明の時代に秀吉が攻めて行こうとしたって、明まで辿り着けずに、朝鮮半島で敗れてるしさあ。

立木　ただ、「朝鮮半島で、けっこう勝っていた」という話もありますけど。

三木武夫　そうかね。まあ、でも、「明の国を取ろう」なんてのが、大バブルだったでしょうからねえ。

三木元総理は「南京大虐殺」を認めるのか

加藤　「南京大虐殺」や「慰安婦問題」が、日本と中韓との間で非常に大きな問題となっておりますが、このあたりについてはいかがですか。

三木武夫　南京大虐殺ねえ。まあ、言葉としては、だいぶ一人歩きしてるから、分からんけども。

里村　それは、ちょうど三木元総理が初めて議員になられた年、一九三七年の十二月に起きた事件でございますけども。

三木武夫　まあ、戦争はしてたからねえ。虐殺はしてたのは、そら、そのとおりだけど。

里村　虐殺はしてた……（苦笑）。

三木武夫　まあ、「戦争」っていうのは「虐殺」ですから。

里村　そんな簡単に認めてよろしいんですか。

三木武夫　いやいや、虐殺ですけども、それが、一般民間人に対して行われたか、戦闘行為(せんとうこうい)をしてる軍隊、もしくは軍隊だけの装備もなくてゲリラ兵的に戦ってるやつらとやったのか。そのへんは、ちょっと分かりがたい面はあるけどねえ。

だから、ベトナム戦争なんかだったら、「農民」と「兵士」の区別がつかないじゃない。全然つかないからさあ。まあ、「虐殺」といえば「虐殺」だし、「戦争」といえば「戦争」っていうところはあったけど。

里村　いやあ。

三木武夫　まあ、確かに、日本軍が（中国軍を）一方的に攻めまくってたのは事実だからさあ。戦争なくして攻め取ることはできないよね、一般にはねえ。
　だから、そらあ、五万や十万や三十万は死んだだろうよ。

里村　いや、双方合わせてたくさんの方が亡くなったとは思いますよ。

『ザ・レイプ・オブ・南京』は偽書だった。同書の著者アイリス・チャンの霊が衝撃の懺悔。『天に誓って「南京大虐殺」はあったのか』（幸福の科学出版刊）

南京攻略の司令官・松井石根大将が、旧日本軍の誇り高き姿と歴史の真実を語る。『南京大虐殺と従軍慰安婦は本当か』（幸福の科学出版刊）

三木武夫　ああ。

里村　ただ、今おっしゃったように、戦後、「一方的に日本軍が民間人を虐殺した」みたいなかたちで歴史がつくられてきて、こういう歴史観が、「日本の防衛」、「自ら(みずか)を護る」というものを、ずっと鈍(にぶ)らせてまいりました。

三木武夫　うん。

里村　これは、「過去をどう見るか」というだけの話ではなくて、「今」につながっております。

8 中国・北朝鮮の脅威に対する〝朝日的〟な見解

「朝鮮半島」の問題についての見解を問う

里村　さらに、もう一つ、自民党政権の長い歴史のなかで、朝鮮半島に関して、韓国に対しては、どちらかというと、ずっと頭を下げつつやってきたわけです。特に、三木元総理が帰天されてから、奥様が、アジア女性基金の呼びかけ人になって（注。後に国家補償ではないことを理由に辞任）、慰安婦の方たちに事実上の賠償をするということもやってきました。

三木武夫　ああ、ああ、ああ、ああ。

里村　あるいは、北朝鮮は、「水爆（すいばく）の開発」まで来たわけです。

三木武夫　うーん。

里村　これは、はっきり言って、「自民党政権がずっと手をこまねいて、何も手を打ってこなかった果てに、ここまで至った」と、私どもは考えております。この朝鮮半島の問題については、いかがお考えですか。

三木武夫　じゃあ、逆に訊（き）くけども、君の論調から見れば、日本の平和を、抑止力（よくしりょく）も考えて、事前に護（まも）るために、やっぱり、「朝鮮半島を再併合（へいごう）すべきだ」と。「早く取ってしまえ」と。「それだけの自衛隊戦力を持つべきだ」と。まあ、そこまで、極端（きょくたん）まで行きゃ、行くわなあ、結局ね。

里村　まあ、極論を言えばですね。
ただ、本当にこの数百年、朝鮮半島は、常に自分たちのなかで、統一国家としての意志の下に動くということはなく、その結果、いつもアジアに危険の種をまいてきました。

三木武夫　うーん。

里村　別に今、韓国を〝切って取ろう〟という考えもございませんけども。

三木武夫　いや、持ってるんじゃないの？

里村　いえいえ。もっとしっかりした考えを持ってほしいとは思います。
私どもの考えではなくて、「三木元総理として、朝鮮半島の問題について、いっ

●征韓論　1873年、西郷隆盛、板垣退助らが主張した朝鮮を討つという政策。維新政府は国交を望む交渉を行っていたが、朝鮮が排日的鎖国主義を取り続けていたため征韓論が沸騰。一時は、西郷隆盛の朝鮮派遣が決まったが、岩倉具視らの反対があって遣韓中止となり、西郷、板垣ら征韓派は一斉に下野した。

たいどのように考えているのか。あるいは責任を考えているのか」ということです。

三木武夫　でもさあ、もともと、西郷隆盛（さいごうたかもり）の征韓論（せいかんろん）から始まってさあ、「朝鮮半島を攻（せ）め取ったろう」っていうのは持っとって。でも、当時の明治政府は良識ある人がいたから、それをなかなか認めなかった。

まあ、武士も失業して困ってるし、ちょうどいいから、戦争ぐらいおっ始（ぱじ）めれば職に就（つ）けてねえ。まあ、兵士を取れるしねえ。そりゃあ、命も差し上げるから、「わしを殺すことを理由にして取ってしまえ」っていう西郷の案だが、これが認められなくて下野（げや）してさあ。結局、ああいう「西南戦争」になったけど。

やったことは、まあ、結局、西郷の案をもう一回使ったね。伊藤博文（いとうひろぶみ）が西郷に代わって殺されて、それをいいことにして（朝鮮を）バッと併合（へいごう）してしまった。軍事力の差を利用してね。中国に勝てるような日本だから戦えるわけもないよな。中国に勝てる日本に、朝鮮半島で戦って勝てるはずもない。だからパッと併合された。

●西南戦争　1877年、明治政府に不満を抱く士族が、征韓論で敗れて下野していた西郷隆盛を擁（よう）して起こした反乱。政府軍に鎮圧され、西郷ら多くの指導者は自決した。

結局は、西郷の案が通ったわなあ。

それで、一九一〇年から四五年まで、少なくとも三十五、六年は、日本語を使わされ、それから、「日本人」として扱われていったわけで。

そらあ、立場を逆にしたらさあ、例えば、日本人が、三十五、六年、ハングル語をずっと押しつけられて、朝鮮の民族衣装を着て、朝鮮学校に通ってるって、あんな感じでずーっとやられたら、もう日本の国がなくなったような感じにならないか？

里村　いや、そこは、事実認識として違いますよ。

立木　朝鮮半島で、ハングルをしっかり教育できるようにしたのは日本の功績ですし。

三木武夫　ああ、そうか。

里村　はい。一部の、いわゆる貴族階級にしか言葉というものを持たせていなかった、あの半島において、それを普及させたのが日本です。

教科書にしてもそうで、日本人の税金を使って、朝鮮半島で現地の教科書をつくって配りました。

三木元総理が感じている日本の〝原罪〟

三木武夫　その代わり、ちゃんと朝鮮人を労働力として使っとるだろう。

里村　いや、日本人も同じように使っています。

立木　徴用は、日本と同じですから。まったく同じです。

里村　当然されておりますす。

立木　同時代に生きていらっしゃったので、ご存じですよね。

三木武夫　そんなの、ダムをつくったり、いろいろするのに、全部いっぱい駆り出して働かしてるしさあ。あんた、「従軍慰安婦はいなかった」とか言って、そらぁ、言葉の問題だけでさあ。

里村　ほお。

三木武夫　売春婦は、いっぱいいいたに決まってるからさあ。それは、日本人にだっていたんだから。昭和五年不況（昭和恐慌）からあとは、東北はもう人身売買で。

教科書にも書いてあるだろう？　だから、自分の娘を売り飛ばしてさあ、もう泣く泣く、上野からねえ、浅草の辺に、まあ、なんだ。私はよう知らんけども、君らなんか、経験あるだろう。その、色街、あっただろう。

里村　経験ありません（苦笑）。

三木武夫　私は経験がないけど、君なんか何度も行ってると思うけども。

里村　まったくありません。ずっと前の時代の話でございます。

三木武夫　あのー、何だったかなあ。色街、あっただろう？

里村　「吉原」ですね。

三木武夫　ああ、吉原！　やっぱり、よう行ってるやつは分かるわ。

里村　知識として、です（苦笑）。

三木武夫　体格から見て、すぐ分かるんだよな。

里村　私に言わせないでください、その言葉を（苦笑）。

三木武夫　体格から見てそうだけど、新潟県人なら絶対行っとるだろう。

里村　いえ、いえ。

三木武夫　まあ、そういうところにね、娘を売らなきゃいかんかったわけだから。日本人でさえ、娘を売らないかんかったわけだからさあ。
　ましてや日本人よりもねえ、そらあ、格下に見てたのは確実だからさあ。朝鮮半島の女性なんか、職業に就くったって、まともな職業があるわけなくて、そら、まあ、そういう〝原始的な仕事〟をやらしたのは確実だよなあ。

立木　ただ、それを国家の意志としてやらせたわけではありません。もう、やむなく、そういうふうに、日本人も韓国の方もしょうがないということで……。

三木武夫　いやあ、だから、ちゃんとした職業をつくらなかったんだろうからさあ、そういう人たちに。

里村　いや、そうでしたらですね、三木元総理は、まだお若くはあられましたけど、当時すでに国会議員でいらっしゃいました。

三木武夫　うーん。

里村　もし、それが本当だったとしたらですが、なぜ、そういうものに対して動かれなかったのでしょうか。

三木武夫　うーん。

里村　確かに、動いてもしょうがない時代であったのかもしれません。ただ、今、三木元総理の話をお伺(うかが)いしていて、政治の倫理(りんり)、政治家の倫理については、最初は納得(なっとく)できる部分もあったんですけども、「国民の生命・安全・財産を護ろう」という、最も大切な責任についてのものが、やや感じられないんです。

三木武夫　やっぱり、〝原罪〟みたいな感じがちょっとあるんだなあ。

里村　原罪？

三木武夫　だから、昭和の初めに海外を経験した人間としてさあ。まあ、先の大戦に関してはさ、いちおう応援（おうえん）する面もあったけどね、政治家として存在するためにはね。

まあ、日本は先に勝ってたからね。「日清（にっしん）」、「日露（にちろ）」、「第一次」と勝っていって、負けを知らなかったからさ。

里村　うーん。

三木武夫　反対すると非国民にされちゃう風潮もあったし、特高（特別高等警察）も動いてるから、そういうことをすると引っ張られるからさあ。まあ、そういうのもあったんで。

私も、戦争に賛成した部分は一部あったけども、実際の海外情勢を経験してた、若いうちに見てきた自分としては、「このままの日本では、やっぱり厳しいんじゃないかな」っていう感じは持ってはいたよ。

だから、そのとき、自分として「十分に反対できなかった」っていうところに対しては、戦後、深く感じるものは、あったことはあったわなあ。

里村　ほおお。

三木総理時代に、日本は進むべき方向を間違えたのか

加藤　三木元総理は、戦前に日米関係が緊迫するなか、「日米戦うべからず」とい

う論陣を張られたり、翼賛選挙も非推薦で勝ち抜いたりと、やっぱり信念というか、一本筋の通ったものをお持ちの方だなあと感じています。

ただ一方で、それだけの信念をお持ちの政治家であられるのに、「わが国の国益を護る」という肝心なところで、失礼ですが、弱いものを感じるのです。

三木武夫　ただ、戦前の状態でさあ、まあ、戦中も含めて、戦前の状態で、「この国は、戦争したら負けるから、しないほうがいいよ」と、やっぱり言える雰囲気ではなかったわなあ、なかなかねえ。

里村　しかし、一度敗戦ということで、結果が出たわけです。

問題はですね、戦後の日本が、ある程度、経済力をつけてきて、「これから自分の国は自分で護ろう」、あるいは、「独立を護っていこう」という考えが強くならなくてはいけない時代に、何があったかです。

私は、三木総理の時代に、そういう方向に対して挫折したというか、本来の「日本、かくあるべし」という天上界のご意図と違う方向に動いてしまったのではないかという感じがするんですよ。

三木武夫　そらあ、ずいぶん、政治家になるのが早かったという意味では早かったからあ。

里村　戦前はそうかもしれませんが、総理大臣になられたころのことです。

三木武夫　ええ？

里村　田中（角栄）総理の退陣を受けて、一九七四年に総理大臣になられましたよね。

あのころは、日本は経済力をつけてきて、これから一等国として、もう一度、アジアの平和を積極的に護る立場になっていかなくてはいけないときだったと思うんです。

ところが、そこで逆方向に向いたんじゃないかと、私は感じています。その点について、今、霊界（れいかい）からご覧になって、いかがでしょうか。

三木武夫　いやあ、そうは言ってもさあ、戦後、一九五〇年から朝鮮戦争があって、マッカーサーなんかも意見をやっと変えて、まあ、自衛隊のもとになる（警察）予備隊とか、ああいうのができて、それから自衛隊がだんだんできてきて、ずいぶん時間かけて慎重（しんちょう）にやったよな。「日本が再武装することで、また牙（きば）を剥（む）くんじゃないか」ということで、アメリカも恐（おそ）れてたけどさあ。

里村　ええ。

三木武夫　だけど、アメリカの軍隊だけでは、ちょっと朝鮮有事全部をバックアップできないので、「日本ぐらいは、ちょっとは護らせないといけない」ということで方針が変わったわなあ。

「竹島(たけしま)・尖閣(せんかく)問題」に対する考え方とは

三木武夫　まあ、それはあってのことだけど、結局、「韓国の問題」なんかはさあ、自衛隊がやっぱ遅(おそ)かったもんだから。今、「竹島(たけしま)問題」とかいろいろ言うてるけど、竹島なんか、事実上、盗(ぬす)まれたんだろ？　はっきり言えば。

里村　そういうことです。

三木武夫　軍隊がなかったからね。日本には軍隊がないからさあ。竹島、護りようがないじゃない。あんなの、取られたんだよ。はっきり言やあ、取られたんだと思うよ、私はね。取られたんだけど、戦うものがなかったからねえ。

それで、向こうは、「あんだけ偉そうに言ってた日本からぶん取った」っていうね。まあ、「桃太郎が鬼ヶ島に行って、人質と金銀財宝をみんな取ってきた」ような感じで、あっちには、そんなふうに見えてるから。これ、あっちにとっては手柄なんだろうな。

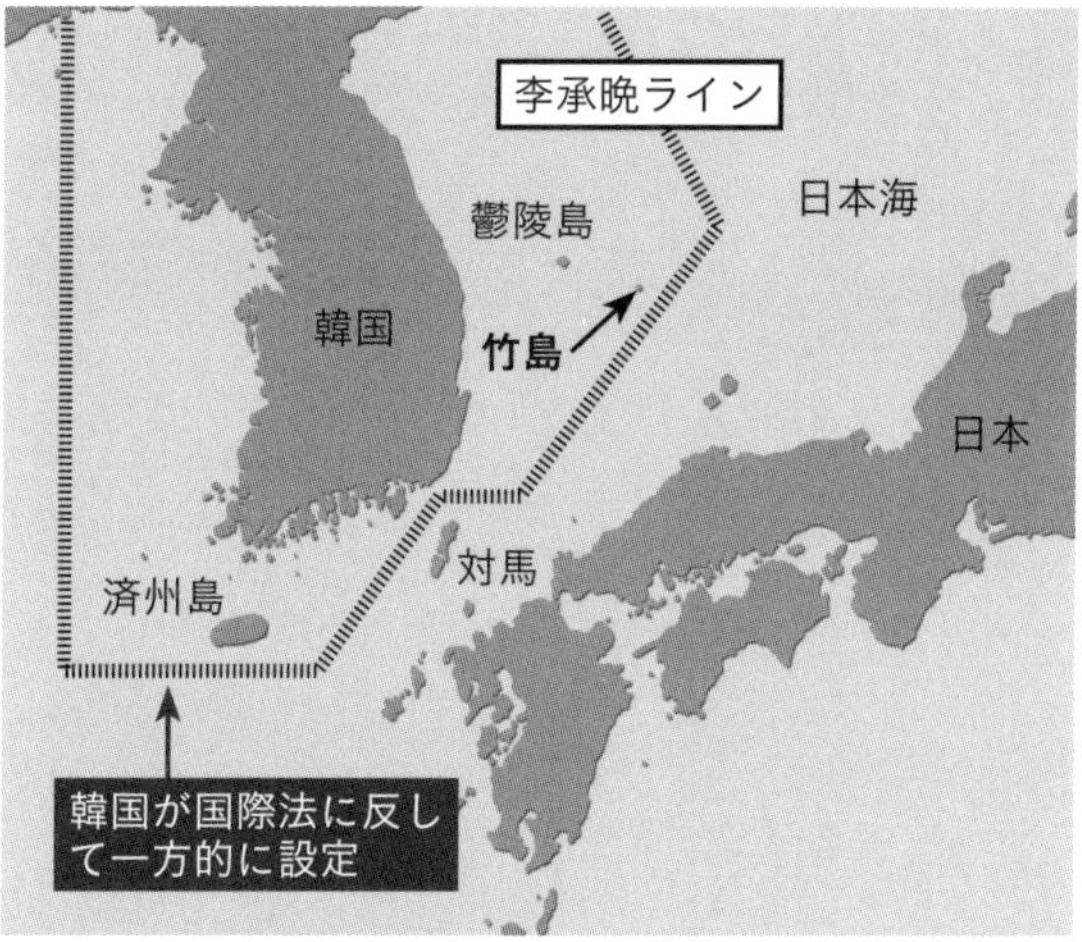

1952年、韓国の李承晩大統領が、国際法に反して日本海および東シナ海に日韓境界線「李承晩ライン」を設定。韓国は、竹島を固有の領土と主張して占拠し、現在も実効支配を続けている。

まあ、そういうのをやられて、それで慌てて武装を始めたわけだけど、まあ、日本人自身、日本人の理性をそんな信用してなかったっていうことだね。日本人自身がね、実際そうだったし。
まあ、朝日新聞なんかも、戦前、戦意高揚(こうよう)の社説をいっぱい書いたからさあ。それで、戦後の反省があって、社是(しゃぜ)・社訓として、そういうふうに反対するほうで張る、「反戦」で張るというんで始めてたからねえ。
おかげで、七十年ぐらいの平和は続いたわけだからさあ。その間に生きた人は、まあ、〝幸福〟だと思ってくれよ。

里村　（苦笑）いや、ですから、それが問題なんです。

三木武夫　ああ、いや、これからの人は知らん。これからの人は知らないけど。
だって、竹島を取られても、結局、怒(おこ)らずに放置しただろう？　だから、**中国に尖閣を取られようと、竹島と同じだと思えば戦争は起きない**んだよ。

里村　おっ！　そういうお考えでいらっしゃるんですか。

三木武夫　ああ、そういう考え、そういう考え。

里村　具体的事案として、安全保障について、幾つかお訊きしようかと思ったんですけど。

では、尖閣は、中国に取られても、結局、竹島と同じような……。

三木武夫　同じように扱えばいい。「向こうが『自分のものだ』って言ってるから、そうなのかもしらん」っていうふうに言えば、〝それで済む〟わけで。

「中国と戦うために、南シナ海の西沙諸島、南沙諸島にアメリカと合同で攻めて、さらに海南島まで攻めに行く」なんていうのは、これは、軍国主義の復活そのものじゃないですか。

加藤　いや、海南島まで攻めに行くなどとは言っておりません。尖閣は、わが国にとって死活的に重要な問題でありますし。

三木武夫　どうせやるでしょう？　台湾を護りたかったら、海南島を攻めるしかないじゃないですか。軍事的には絶対攻めるよ。

加藤　いや、三木元総理がおっしゃるようなことだと、日本の国は大変なことになってしまいますよ。

三木武夫　ええ？

海南島は、南シナ海北部に位置する島で、中国海南省に含まれる。

里村　中国は、南シナ海での軍備拡張に関して、滑走路（かっそうろ）をつくり、基地をつくっておりますけれども、これについてはいかがですか。

三木武夫　いや、アメリカは、そういうことをやってきたわけよ、ずっと。

里村　ほおお。

三木武夫　アメリカは、ハワイもそうしてきたし、グアムもそうしてきたし、フィリピンもそうしてきた。

里村　はい、そうです。

三木武夫　アメリカがしてきたようなことを、今、中国がやろうとしてるんでしょ？　国が大きくなりゃ、必ずそういうことはみんな考えるわけよ。

ただ、どこかで挫折が訪れるわけね。だから、挫折が起きるまでは、それはやるんだよ、みんなねえ。

里村　ほお。

三木武夫　日本も、それをやったわけよ、結局は。国が大きくなってきて、「中国に勝った」、「ロシアに勝った」ということで、どんどん行き始めて、結局、ぶつかったわけで。

だから、中国に勝てる国がなかったら、中国のやったことは正義になるんだよ、やがてね。これが〝ブレーキ〟を踏まれたら、そらあ正義にならない。

北朝鮮の核開発については、どう考えるのか

里村　それにはちょっと異論がございますけれども、まあ、それは置いておきます。北朝鮮の核開発について伺いますが、現在において五度目の核実験を行い、水爆まで手にしようとしています。これは、「ただ受け流さないといけない」という考えですか。

三木武夫　いやあ、そんなことはないんじゃないの。プルトニウムを〝食べて〟生きていくようになるんじゃないの、彼らはねえ。

里村　ほお。

三木武夫　まあ、人類としては変化してね、宇宙人みたいになるんだよ、きっと。

食料がないのにさあ、そんな核兵器を開発してたら、飢餓が起きるわなあ。そらあ、「プルトニウムを食って生きていけるなら、どうぞ生きてください」ということでやれるもんなら、みんなやりますよ。

だから、軍事力も、五十パーセント以上、あるいは八十パーセントとか、国の予算を使ったらさあ、食ってけないっすよ。ねえ。

だから、絶対もたない。国がもたないんですよ。

里村　ほう。

三木武夫　だから、やらしといたらね、パンクします、そのうち。そのうち、パンクするから。

里村　ああ、放っておいたらいい、と(苦笑)。

三木武夫　ああ、うん、うん。潰(つぶ)れるから。国が潰れるから。だって、食べれないもん。食べていけないので。だって、配給制やろ？　三カ月に一回しか配給がないような国で、そんな水爆実験なんかやってたらねえ、絶対潰れるよ。

平和論者たちの意見を肯定(こうてい)する三木元総理

立木　ただ、そう言いながらですね、最初に北朝鮮の核開発が明るみに出てから、もう二十年余りたつんですよ。

その間、「潰れる。潰れる」と言われつつ、なかなか潰れずにいるわけで、たぶん水面下で、中国から、いろいろ物資・エネルギーが行っていると思うんです。

三木武夫　うーん。

立木　このまま放置しておきますと、どうしても、日本に対しての脅威が増してくるのではないかと思われますが。

三木武夫　いやいや、だから、日本が再武装して、軍事大国になって、戦える体制を整えたら、「日本に対して核ミサイルを撃ち込んでも構わない」っていう条件が整ってしまうわけよ。だから、今の平和論者たちが言ってるように、「むしろ何もしないほうが、撃ち込む口実がなくていい」わけよ。

あのねえ、沖縄だってねえ、沖縄県知事が言うてるのは、「米軍の海兵隊がいなくなれば、沖縄に撃ち込まれることはなくなるから、本土のほかのところに行ってください」と。「ほかに行ってくれる分には、そこに撃ち込まれるけど、沖縄はやられんで済むから」ということでしょ？　そういうこと、言ってるんでしょ？

里村　それは、まさに今、国会前でですね、「安保法反対・廃止」、あるいは、SEALDsといわれる若い人たちが言っていることと同じです（注。SEALDsは、本収録後の二〇一六年八月十五日、解散した）。つまり、敗北主義というか、「こちらが何も防衛せず、備えを強くしなければ、向こうはやってこないんだ」と。

三木武夫　うん。

里村　しかし、歴史を見たら、まったく〝逆〟です。中国はそうやって、チベットも、あるいはウイグル自治区も、どんどん取っていきました。また、今、中国によって、香港は徐々に徐々に「一国二制度」の建前が崩されています。

三木武夫　うーん。

里村　つまり、こちらが「備えをする・しない」の関係で、しなければ、むしろ、向こうはどんどん出てくるわけです。そうしたことが、現代においてはかなりはっきりしてきているんですよ。

三木武夫　うーん。

里村　霊界からご覧になっていて、そのようにはお感じになりませんか。

三木武夫　まあ、香港のことは、いろいろあろうけども。そらあ、イギリスの植民地にしては、意外に繁栄（はんえい）したところではあるからね。そのへんは難しいところであるんだろうと思うけど。
　だけど、もともと中国の一部だったことは事実だわなあ。

里村　うん、うん。

三木武夫　だから、いずれ返さないかんもんではあったと思うけど。まあ、香港が、イギリス式がいいとおっしゃるなら、「香港の人は、中華料理を食べるのをやめる。全部イギリス式の、もう、バイキングから始まって、食生活を改めてもええんかい？」っていうぐらいならねえ、まあ、いいけどさあ。

中国に吸収されるなら、そらあ、中華化するのは、多少しかたがないんじゃないの？

「貧しかったから、中国の政治家は、長年、清潔だった」？

里村　今日、お話をお伺いしてきた印象では、日本の総理というよりも、〝中国共産党政権の首相〟をお迎えして聞いたかのような話が……。

三木武夫　うーん。

里村　冒頭(ぼうとう)の政治家の倫理については非常に歯切れがよくて、「おっ！」と思ったのですけれども、途中(とちゅう)から、「どちらの国の総理でいらっしゃったのかな」という感じが……。

三木武夫　中国の政治家も、長年、清潔だったんじゃないの？　本当はね。貧しかったからねえ。

里村　いやあ（笑）。

三木武夫　貧しいと、清潔になるんじゃない？

立木　今はもう、完全に腐敗(ふはい)していると思いますけれども。

里村　歴史的にも、汚職(おしょく)に次ぐ汚職の国ですから。

三木武夫　だから、ちょっとねえ、近年の中国が日本を〝逆転〟したあたりのところが、私、よく分からないんでねえ。

加藤　そのあたりは、確かに感覚的にお分かりにならないのでしょうね。

三木武夫　うーん、なんでそんなになるのか。

この前まで、（中国の一人当たりのＧＤＰは日本の）「十分の一」とか言ってたでしょう？　経済。なんで〝逆転〟ができるのか。

里村　いや、実態としては、まだ逆転していないんです。あれは、中国政府が言っているだけですから。

三木武夫　よく分からないんだけどなあ。

今、三木元総理はどこの政党を推(お)しているか

里村　今、日本の政治家、例えば、自民党の安倍(あべ)首相など、そういう方たちを霊的に指導しているようなことはあるんですか。

三木武夫　安倍さんを指導するっちゅうことは、ちょっとしんどいんじゃないんですか。さすがに、それはないんじゃないかなあ。

里村　三木元総理は、あえて言うとするならば、今の日本の誰(だれ)を、あるいは、どこ

の政党を推(お)しているのでしょうか。

三木武夫　うーん。どっちかといえば、まあ、いわゆる民進党か？　民主党の系統のほうに、考えは近いかなあ。

里村　ああ、そうですか。

加藤　どちらかといえば、リベラルから左に近いほうですよね。

三木武夫　近いかなあ。

「集団的自衛権」や「憲法九条改正」についての意見を訊(き)く

里村　そうすると、例えば、「集団的自衛権の行使」について、賛成か反対かと言えば……。

三木武夫　いや、それは、アメリカに巻き込まれるからさあ。最後は、あなた、イスラム教の国まで軍隊を送らなきゃいけなくなるのは確実だから、それは、「日本の戦後体制は完全に見直し」ということになるわな。

里村　それでは、「憲法九条改正」は……。

三木武夫　うーん、憲法九条改正。まあ、自衛隊はあるから、そらあ、正直に言えば、変えなきゃいけないのかもなとは思うけど、うーん……。まあねえ、素直(すなお)に読めば、九条で、自衛隊があるっていうのは、やっぱり、どう見てもおかしいよなあ。防衛庁も「防衛省」になってるしねえ。うーん。

里村　では、憲法の条文のほうを変える？

三木武夫　いやあ、それには、でも、民意が糾合せないかんけど、安倍君でも、（憲法改正に必要な総議員の）三分の二を取るのにはなかなか苦労してるんだろう？　まあ、それが実態だからさあ（注。二〇一六年七月十日投開票の第24回参議院選挙において、与党をはじめとする改憲勢力が三分の二を超えた）。

本当に必要と思ったら、そら、国民の八十パー以上、応援しますよ。八十パー、九十パー、応援しますから。本当にそうしなきゃいけないと思ったら。

里村　うーん。

三木武夫　そうならないっていうのは、やっぱり、議論がまだ拮抗してるっちゅうことなんだ。

里村　いや、マスコミの偏向した報道の影響が大きいと思われるんですけどもね。

加藤　本当に必要なことであれば、やはり、政治がリードして、この国を正しい方向に導いていかなければいけないと思うんですよ。「領土を護る」「国家国民の平和や安全を護る」のは、政治家として最低限の、しかし、最も大切な使命であります。先ほど、里村も申し上げましたけれども、三木元総理のお話をお伺いするかぎり、三木内閣の二年間というのは、わが国を誤った方向に導き、後々禍根を残す面が大きかったことを、改めて感じました。

三木武夫　まあ、〝マスコミ内閣〟だってことは事実だけどね。マスコミだって、今、だいぶ変わってきてるんじゃないの？　何だか、流れはね。うーん。

里村　もちろん、変わってきている部分もございますけれども、平和問題になると、相変わらずアレルギーがあります。

三木武夫　だから、反戦運動が、今、何?「反核開発運動」とか、「反原発運動」とか、「反アメリカ基地運動」とかになってるんだろうけどね。うーん、まあ、難しい案件ではあるけどね。アメリカという国も、もう、今後、日本とどういう関係になるか、難しいですから。

9　三木武夫は今、どの世界にいるのか

三木元総理の魂（たましい）が徳島（とくしま）に生まれた理由とは

里村　実は、今日、「昭和史を学ぶ」というテーマがあったのですけれども、それを超（こ）えて、最後に、「何ゆえに三木総理という方が誕生したのか」という点に絞（しぼ）っていきたいと思います。

そもそも、なぜ、徳島（とくしま）県にお生まれになったのですか（会場笑）。

三木武夫　それ……、それは〝きつい弾（たま）〟だなあ。

里村　徳島県というのは、幸福の科学の私どもにとって、たいへん大切な場所でご

ざいまして、大川隆法総裁がお生まれになった土地です。

三木武夫　いやあ、知ってる、知ってる。それは、生前から存じ上げております。

里村　ああ、生前からご存じでしたか。

三木武夫　うーん、大川隆法さんが活躍されているっちゅうことは、生前から、多少、存じ上げてはおりましたですけどもね。

里村　ええ。

三木武夫　まあ。うーん……。うーん……。うーん……。明治維新で徳島藩はちょっと後れを取りましたでねえ。だから、なかなか、政治的には〝先進県〟になれてなかったんでね。うーん。何が訊きたいの？　ええ？

里村　いや、なぜ、徳島県に……。

三木武夫　そういう君は、なんで新潟（出身）？

里村　新潟は好きな場所だからです。

三木武夫　お米がおいしいから？

里村　おいしいです。お水もおいしいです。はい。

三木武夫　酒がおいしいと？

里村　いやいや、まあ、それは……。

三木武夫　「塩辛(から)いものを食べて、早く死にたい」とか、そういうことは？

里村　いえいえ。

加藤　何かのご縁(えん)があって、徳島にお生まれになったんですか。

三木武夫　うん、「あった」っちゅうても、まあ、ちょっと難しい質問やなあ。

加藤　難しいですか。

三木武夫　これは難しいわ。

「過去世」について答えない三木元総理

里村　それでは、もう少し遡りますが、三木元総理も日本人でいらっしゃいますから、転生輪廻というものはご存じだと思います。

三木武夫　ああ、話としてはね。それ、知ってはいるけどね。うん。

里村　三木武夫さんとしてお生まれになる前も、日本でお生まれになりましたか。

三木武夫　いや、そういう議論は、私はねえ、ちょっとついていけないので。まあ、三木武夫は三木武夫であって、君らが言う議論はちょっとねえ。若いうちに洋行した者としては、ちょっと分かりにくいんだよなあ。

里村　すみません。生まれ変わりについて、重ねてご質問しますけれども、かつて中国のほうにお生まれになっていましたか。

三木武夫　うーん、分からん。そういう質問は、ちょっと答えかねるなあ。今のアングロサクソン的啓蒙（けいもう）を受けた人間にとっては、そういう質問は実に答えにくい。

里村　最初のマスコミの話に関するところは、一見、「アングロサクソン的啓蒙」が感じられたんですけど、後半は「中国的啓蒙色」のほうが強くなりました。

三木武夫　いやあ、インド的なんじゃないの？　すごく、インド的な感じ。

今もなお、渋谷の南平台にあった自宅に住んでいる？

里村　では、質問の角度を少し変えます。今、普段いらっしゃる場所はどういう場所でしょうか。

三木武夫　普段いる場所？

里村　はい。千代田区の永田町ですか。あるいは、五番町とか。

三木武夫　普段いる場所って言い方をされたかあ。うーん。普段いる場所？　うーん。南平台……、渋谷のな（注。南平台は三木武夫氏の私邸があった場所）。

里村　はい。南平台は高級住宅街でございますけれどもね。

三木武夫　うん、ああ。

加藤　まだ、南平台のお宅にいらっしゃるのですか。

三木武夫　安倍君が近くに住んでるよ、なあ？　ああ。

里村　まあ、そうですね。岸さんの……。

加藤　岸信介さんも近くにいました。

三木武夫　ちょっとあれは、早く引っ越してもらわないかんなあ。あれなあ。

里村　ただ、地上の住所ではありませんので。実は、この霊言が始まる前に、大川総裁が、今いる場所を訊かれたら、「どこにいるかと言えない」というふうにお答えになったとのことでした。私どもからすると、「言えない場所にいるんだな」と感じたのですが。

三木武夫　いや、「死んだ」ということは分かってますよ。

里村　死んだのは分かっている？

三木武夫　うーん、ああ、分かってます。葬式がありましたから。

里村　はい。

三木武夫　供養(くよう)もされてますから。それは知ってますよ。

里村　はい。ええ。

三木武夫　だから、後進でね、徳島県出身で、大川隆法っていう宗教政治家が、何か活躍してるらしいっていうことぐらいは、まあ、知ってますよ。

里村　はい。

三木武夫　うん、うん、後藤田正晴(ごとうだまさはる)君なんかも、多少、何か（霊言で）出たらしいっていうことぐらいは知ってる。まあ、知ってますよ（『カミソリ後藤田、日本の危機管理を叱(しか)る――後藤田正晴の霊言――』〔幸福実現党刊〕参照）。

里村　はい。霊言を頂きました。

三木武夫　知ってますが。うーん……。それ以外は、ちょっとよく分からないんだなあ。

霊界での近況を訊こうとすると、なぜか憤慨する三木元総理

里村　すみません。場所が分からないようであれば、周りにどんな方がいますでしょうか。例えば、後藤田さんがいるとか、周りにどなたか日本の政治家の方はいらっしゃいますでしょうか。

三木武夫　うーん……。うん……。

立木　先ほど、丸山眞男さんや南原繁さんの話も出ましたが、お亡くなりになって

から、いずれかの方とお会いしたりはされましたでしょうか。

三木武夫　うーん……。うーん……。

加藤　日々、どんな方とお会いになりますか。

三木武夫　うーん……。いやあ、なんかさあ、突如(とつじょ)、〝米軍〟が攻(せ)めてきたみたいで（会場笑）、君らが土足で上がってきた感じ。

里村　いやいや（苦笑）。

三木武夫　突如、上がってきた。

里村　いやあ、すみません。

三木武夫　やっぱり、いちおうピンポンと押して、上がってええかどうか、訊いてからにしてくれる？

里村　はい、すみません。不躾で、たいへん申し訳ございません。

三木武夫　いきなり玄関を押し開けて入ってきたような。君ら、警察か？　ほんと。

里村　いえいえ。これは本当に、政治をですね……。

三木武夫　特高（特別高等警察）みたいだ。

加藤　いえ、決してそんなつもりではありません。

里村　今後、政治を学ぶ者にとって、こういったものが大切な「第一級の資料」になりますので。

三木武夫　第一級ねえ……。

里村　はい。「どういった環境(かんきょう)、あるいは前世(ぜんせ)から、こうした〝偉大(いだい)な政治家〟が生まれてくるのか」ということをですね……。

三木武夫　いや、そらあ、葬儀(そうぎ)とかは大事やから、やったらいいとは思うんだけど、いや、政治はそういう世界じゃないからさ。法律、政治の世界はちょっと違(ちが)うからなあ。まあ、それは別のもんだと、私は思っとるんで。

政治家として、どのような神霊(しんれい)とつながっているのか

里村　ただ、やはり、神様とつながっているというのが政(まつりごと)の本来の姿ですので、どういう神様とつながっているのかということが非常に大事かなと、私は思うんです。

三木武夫　うーん。

里村　どういう神様とつながっておられますか? あるいは、どなたか、ほかの霊人(れいじん)でも結構ですが。

三木武夫　いや、それは、西洋にも行ったから、キリスト教だって、まあ、多少は知っておるし、生まれから見たって、真言宗(しんごんしゅう)とかも流行(はや)っているから、まあ、それ

は霊場八十八箇所のあるところであるから、まったくそういうことを理解しないわけではないけども。それは、まあ、「宗教のほうの仕事」であって、「政治の仕事」ではないから、自分じゃ、そう大きな関係はないと思ってはおるんだがなあ。

里村　では、なぜあのように、中国スタンス、あるいは朝鮮半島スタンスのお言葉で、どちらかというと、日本人の命よりも向こうのほうの立場に重きを置くかのようなお話になったのでしょうか。

三木武夫　うーん、君の言葉って、何か〝引っ掛かる〟んだがなあ。いや、そうかねえ？

里村　いやいや（笑）。要するに、なぜ、日本人よりも中国のほうを大切にするのかということです。

三木武夫　いや、だから、あのねえ、言葉を換えて言えば、「なぜ、リンカンは、同じアメリカ人なのに、北部の味方をして、南部の財産であった黒人奴隷を取り上げたのか」と言われてるような感じなんだよ。君の言っているのは、そんなふうに感じるんで。

里村　そうですか。

三木武夫　なあ……、南部の人にとっての財産権だった黒人を取り上げて、それに一票を与える、なんていうようなことになっていくわけでしょう？

里村　はい。

三木武夫 「そんなの、おかしいじゃないですか」って、なんか、そんなように言われてる感じがするんだがなあ。

10 「日本は〝原罪〟から逃れられない」

田中角栄・大平正芳・中曽根康弘元総理との違い

加藤　いや、お話を伺っているかぎり、万事、日本の国益というよりは、やはり、中国寄りの判断をされているように感じられてならないんですが。

三木武夫　中国寄り……、というかなあ。いやあ、戦中、戦前からの政治家としては、やっぱり、先の大戦で国民が窮乏していってさあ、東京を焼夷弾で焼かれて、最後、原爆を落とされたときの政治家であった自分の原点から考えるとね、やっぱり、戦後は、そういう危険な目に国民を遭わせたっていう反省から始まってはいる。

加藤　先ほど、「原罪」とおっしゃいましたよね。

三木武夫　だから、「二度とそういう目に遭わないようにするには、どうするか」ということから考えているわけだから。

里村　ただ、角栄（かくえい）さんも、大平（おおひら）さんも、中曽根（なかそね）さんも、みな総理を経験されていますけれども、少し違（ちが）う方向を志されていました。

三木武夫　そんなん言っても、角栄さんだって、「日中国交回復」やってるから、彼のおかげで中国が強大化して、今、日本の脅威（きょうい）になってるんじゃないか。だから、私が正しいんだよ。彼を潰（つぶ）したから、（中国は）弱ってね。彼が長期政権でもやったら、中国がもっともっと太ってたかもしれないなあ。

里村　それはまた、私たちの課題の一つだと思っています。そこで失った台湾との国交等について考える必要があると思います。

三木武夫　うん。

「私の考え方は戦後の良心そのもの」と自任する三木元総理

里村　それはそれとして、もう時間がございませんので、端的に訊きますけれども、要するに、三木元総理は、今回、総理大臣になろう、あるいは、政治家を志そうとして徳島にお生まれになった。何のために生まれたのですか。

三木武夫　これ、君、すごく失礼なことを言ってないか？

里村　いやいや、すみません（笑）。時間がないので、単刀直入にお訊きしました。

三木武夫　それはねえ、もう、警視総監に訊かれても、私は腹立つねえ。ええ？

里村　いや、すみません。どういう使命を担ってお生まれになったのでしょうか。例えば、小泉（純一郎）さんが「自民党を壊す」と言っていたようなことを、ご生前に言われていたことがありますが……。

三木武夫　ああ、ああ、ああ、ああ。

里村　今日のお話を伺っていると、自民党をというよりも、むしろ、「日本を壊すために」というように感じたのですが。

三木武夫　いや、そんなことない。「戦後の良心」そのものなんだよ、私が。私が

「戦後の良心」なんですよ。時代的使命が終わったかどうかは君らが判断することやから、まだ分からんが。

里村　まあ、「朝日新聞的、岩波書店的〝良心〟」ですね。

三木武夫　「戦後の良心」ではあるんですよ。私の考え方はね。

里村　うーん、戦後の進歩主義ですか。

三木武夫　「戦後の良心」で、これで、共産党員じゃなくて自民党員だったわけですから、戦後を発展させつつも反省を含(ふく)みつつということで、「反省からの発展」っていう君たちの教えどおりなんじゃないですか（『悟(さと)りの原理』〔幸福の科学出版刊〕等参照）。

里村　「反省からの発展」とおっしゃいましたけれども、発展のほうではないと思います。

三木武夫　発展したよ。戦後、発展したでしょ？　日本は。

里村　はい。

三木武夫　発展した。

「幸福実現党は苦戦しているらしいと聞いている」

加藤　幸福実現党という新しい政党が二〇〇九年に立党しましたが、このへんについては聞いておられますか。

三木武夫　ああ、うん、聞いたことあるよ。聞いたことはあるけど、苦戦しているらしいと聞いてるなあ。

加藤　うーん。

里村　まさに、今までの自民党の方々、あるいは、ほかの野党がやってきたなかで、政治の分野においては参入障壁（しょうへき）というのが非常に高くなりました。

三木武夫　いや、それは自己弁護だ。やっぱり、人気がないんだよ。うん。

里村　もちろん、私どもは、それを壊すために……。

三木武夫　徳島県で当選しないようじゃ、それはもう駄目(だめ)だな。

郷里・徳島(とくしま)の人々に伝えたいメッセージとは

里村　その徳島(とくしま)のことでお伺いしようかどうか、ちょっと悩(なや)んだところがあるんですけれども、いちおうお伺いします。

数日内に、大川隆法総裁が徳島の会場で講演をされます（四月二十三日、アスティとくしまにて開催(かいさい)の「人類幸福化の原点」）。

三木武夫　うん、うん、うん。

里村　そこでお伝えしたいメッセージのようなものは何かございますでしょうか。

三木武夫　うん……。まあ、徳島はねえ、高知(こうち)に先を越(こ)されて、明治維新(いしん)で先鞭(せんべん)をつけられて、ちょっと、そういう革命家が出ておらんからね。「ぜひとも、やっぱり、反戦・平和の旗手として頑張っていただきたいな」と思うけど。

里村　徳島のみなさんにですか？

三木武夫　うん。うん。それは、「徳島こそ、平和を求める」。うん。

里村　まあ、平和は結構でございますけど……。

三木武夫　「そうしないと、熊本みたいになって、地震に襲われるかもしれない」と。そういうことを講演会で言うといいな。うん。

里村　いや、当会にとっては聖地でございますから、そこはちょっと……。今、熊本も大変ではありますが。

加藤　三木元総理のような、いわゆる自称リベラルの方がつくってきた「戦後の負の遺産」を総決算する意味で、今、新しい政党、幸福実現党が頑張っております。ぜひ、あの世から、ずっと見ていただきたいと……。

三木武夫　〝遺産〟かなあ？

いやあ、でもねえ、君らさあ、私だって、「竹島も日本領だ」と思ってるけどさあ。韓国に取られたけど、それ、何もしないで放ってあるんでしょう？　で、韓国が「自分のものだ」と言って、何かいっぱいつくって、人も上がらして、やってるんだろう？　このちっちゃな島一つ取るためにさ、無人島みたいだったやつを取り返すために戦争をやったときの、韓国と日本を比べたときの損失？　日本の損失を考えたとき、たぶん、これ、日本の安保上、非常に具合の悪いことになるんじゃないのかな？　まあ、そのへんの島嶼（とうしょ）戦。起きるとしたら、島嶼戦でしょう？　だから、沖縄（おきなわ）近辺の無人島、何十個かあるだろうから、それはちょっと（他国に）取られたりするぐらいのことが起きるだろうと思うけど、まあ、それから憲法改正とかに入ってもいいんじゃないか。

里村　分かりました。お考えとしては、現在、いろいろなかたちで反戦・平和をおっしゃっている方と、だいたい同じような考え方と分かりました。

三木武夫　うん、まあ、菅（かん）（直人（なおと））さんなんかと近いのかもしらんけどなあ。うーん。

「結論として、田中角栄ブームはとんでもない〝まやかし〟」

里村　いずれにしても、今日は、貴重なお考え、お言葉を聞く機会を頂きました。

●島嶼戦　島嶼部に部隊を置いて行われる戦闘のこと。島嶼とは、「大小さまざまな島」を意味し、本土攻撃等の陣地獲得をめぐって、攻防が行われる。

ありがとうございました。私どももしっかりと参考にさせていただきます。

三木武夫　な、どういうふうに参考にするの、これ。ええ？

里村　こういう考え方があって、それが、もともと、日本の自民党元総理からも発信されていたのだということがよく分かりました。

三木武夫　何？　中華人民共和国の共産党政府から賄賂とかもらっとると自白でもすれば、君ら、喜ぶんか？

里村　いえいえ、そんなことはございません。私たちも、「自民党が全部悪い」とは思っておりませんけれども、自民党政府に修正が必要であるということが、今日はよく分かりました。

三木武夫　うん、まあ、それを言うんだったら、まだ、〝日本の原罪〟そのものが……。

里村　原罪？

三木武夫　逃れられないから。やっぱり、「毛沢東治下で、何千万人もの人が殺された」っていうことを、君らは声高に言わないといかんけど、向こうは統計がないから、はっきり分からないだろう（笑）。

加藤　国家間では実際、さまざまなことがありますけれども、別に、日本の国がそういう〝原罪〟を背負っているわけではありません。今日は、お話を伺って、本当に参考になりました。

「昭和のある一時期に三木内閣というものがあり、こういうお考えで、こういう政治を行い、現在につながっている面がある」ということが、改めて、一つ見えてくるものがありましたので、感謝しております。

三木武夫　うん、だから、私のほうからの結論といやあ、「田中(たなか)角栄ブーム」なんて、これはとんでもない〝まやかし〟、蜃気楼(しんきろう)そのものであって、石原慎太郎(いしはらしんたろう)がそんなことを言い出したんだったら、それは、「早くあの世に還(かえ)れ」というシグナルである。「親父(おやじ)が早く死ねば、息子(むすこ)は総理になる可能性もあるのに、長生きしたら、総理になれないよ」というようなことを、まあ、いろんな人がささやいてるに違いない。

里村　むしろ、「三木ブーム」が起きるべきであると？

三木武夫　「三木ブーム」は、まあ、起きないかもしらんが……。なんか、朝日と共に墓場に行きそうな感じがちょっとあることはあるけどなあ。

里村　（苦笑）はい。分かりました。最後にまた貴重なお言葉を頂きました。本日は、まことにありがとうございました。

三木武夫　うん、はい、はい。

加藤・立木　ありがとうございました。

11　三木武夫元総理の霊言を終えて

大川隆法　（手を二回叩く）まあ、これは、考え方としてはあってもよいことだろうと思いますし、安倍政権などに反対する人の考え方は、この人の考え方に近いでしょう。国論の何割かを占めている考えなので、「一概に否定はできない」とは思っています。

ただ、今の右傾化した保守に理解を示さないタイプの人には、「あの世などについてあまりよく分からない」という特徴があるようです。それだけは、よく分かりますね。（三木元総理も）「そういうことが、よく分からないらしい」という感じはしました。

やはり、知っていれば、そういう話が出るでしょうからね。

里村　はい。

大川隆法　だから、よくは分からないのだと思います。葬儀をされて、「自分が死んだ」ということは理解しているけれども、「あの世の世界が、どういう世界なのか」について理解するだけのものを持っていないということでしょう。

「政治と宗教は、別のものだ」と言っているので、「大学の学科が分かれている」という程度に考えているのだと思います。でも、だいたい、日本人は、今もそのような感じかもしれません。「別だと思っている」というぐらいの認識であるということです。

（三木元総理は）悪人ではないけれども……、まあ、「〝時代の申し子〟であった」ということでしょうか。

そして、「いったい、今、どこにいるのか」ということは、うーん……（苦笑）。「誰と一緒にいる」とは言いませんでした（笑）。「言うと特定される」と思って、完全に避けましたね。

里村　ああ、そうですか。

大川隆法　ええ。おそらく、「それを言うと、特定される」と思って、言わなかったんですよ。

里村　ああ……。

大川隆法　まあ、どうでしょうか。いや、でも、「どこにいるか」は、自分でも分からないのかもしれません。

里村　認識ができないで……。

大川隆法　この感じからいくと、政治関連のあたりのところを、ウロウロしているのでしょう。要するに、そういう、「反原発」「反戦争」「反安保」系のあたりをウ・・・・・・・・・・・ロウロしていらっしゃるのではないかとは思いますね。

里村　はい。

大川隆法　居場所(いばしょ)は、はっきりしていないので、まあ、失礼に当たるかもしれないから、これ以上は言いません。

ただ、(田中(たなか))角栄(かくえい)さんや福田(ふくだ)(赳夫(たけお))さんは、居場所を認識なさっているようであったけれども、「そういう人たちと同じところにはいないらしい」ということは分かりました。

まあ、訊けばすぐ分かることではあるけれども、あえて言わないことにしましょう。「そういう方だ」というところです。

質問者一同　はい。ありがとうございました。

あとがき

三木武夫元首相を霊査（れいさ）するということは、戦後政治の対立軸についての正邪（せいじゃ）を判定することでもある。

日本が国家でなかった時代の正義、つまり、「半主権（はんしゅけん）国家時代の正義」と、「主権国家を目指す上での正義」は自（おのずか）ら異なるであろう。

霊言の前半は、三木氏は筋（すじ）を通した立派な政治家なのかと思わせるところもあったが、後半、霊界の自分の居所（いどころ）も語れないところに、私自身、宗教家として同情の念を禁じえなかった。

この世の地位や肩書きはあの世に持って還れない。宗教的には何度も説いた真理だが、また一つ、実例が増えたようだ。「マスコミ主導の反省なき扇動型民主主義」もそろそろ限界のようである。

二〇一六年　十一月二十三日

幸福の科学グループ創始者兼総裁
幸福実現党創立者兼総裁
大川隆法

『三木武夫元総理の霊言』大川隆法著作関連書籍

『伝道の法』（幸福の科学出版刊）
『正義と繁栄』（同右）
『悟りの原理』（同右）
『天に誓って「南京大虐殺」はあったのか
——『ザ・レイプ・オブ・南京』著者アイリス・チャンの霊言——』（同右）
『南京大虐殺と従軍慰安婦は本当か
——南京攻略の司令官・松井石根大将の霊言——』（同右）
『天才の復活　田中角栄の霊言』（ＨＳ政経塾刊）
『自民党諸君に告ぐ　福田赳夫の霊言』（同右）
『カミソリ後藤田、日本の危機管理を叱る——後藤田正晴の霊言——』
（幸福実現党刊）

『中曽根康弘元総理・最後のご奉公』（同右）
『大平正芳の大復活』（同右）

三木武夫元総理の霊言
──戦後政治は、どこから歯車が狂ったのか──

2016年12月6日　初版第1刷

著　者　大川隆法

発　行　幸福実現党
〒107-0052 東京都港区赤坂2丁目10番8号
TEL(03)6441-0754

発　売　幸福の科学出版株式会社
〒107-0052 東京都港区赤坂2丁目10番14号
TEL(03)5573-7700
http://www.irhpress.co.jp/

印刷・製本　株式会社 研文社

落丁・乱丁本はおとりかえいたします
©Ryuho Okawa 2016. Printed in Japan. 検印省略
ISBN978-4-86395-861-6 C0030
カバー写真：時事／MIXA
本文写真：black/PIXTA／時事／Tysto

大川隆法 霊言シリーズ・自民党の政治家たちは語る

天才の復活
田中角栄の霊言

田中角栄ブームが起きるなか、ついに本人が霊言で登場! 景気回復や社会保障問題など、日本を立て直す「21 世紀版 日本列島改造論」を語る。【HS政経塾刊】

1,400 円

自民党諸君に告ぐ
福田赳夫の霊言

経済の「天才」と言われた福田赳夫元総理が、アベノミクスや国防対策の誤りを叱り飛ばす。田中角栄のライバルが語る"日本再生の秘策"とは!?【HS政経塾刊】

1,400 円

中曽根康弘元総理・
最後のご奉公

日本かくあるべし

「自主憲法制定」を党是としながら、選挙が近づくと弱腰になる自民党。「自民党最高顧問」の目に映る、安倍政権の限界と、日本のあるべき姿とは。【幸福実現党刊】

1,400 円

大平正芳の大復活

クリスチャン総理の緊急メッセージ

ポピュリズム化した安倍政権と自民党を一喝! 時代のターニング・ポイントにある現代日本へ、戦後の大物政治家が天上界から珠玉のメッセージ。【幸福実現党刊】

1,400 円

※表示価格は本体価格(税別)です。

大川隆法 霊言シリーズ・自民党の政治家たちは語る

政治家が、いま、考え、なすべきこととは何か。元・総理　竹下登の霊言

消費増税、マイナンバー制、選挙制度、マスコミの現状……。「ウソを言わない政治家」だった竹下登・元総理が、現代政治の問題点を本音で語る。【幸福実現党刊】

1,400 円

宮澤喜一 元総理の霊言

戦後レジームからの脱却は可能か

失われた 20 年を招いた「バブル潰し」。自虐史観を加速させた「宮澤談話」──。宮澤喜一元総理が、その真相と自らの胸中を語る。【幸福実現党刊】

1,400 円

橋本龍太郎元総理の霊言

戦後政治の検証と安倍総理への直言

長期不況を招いた 90 年代の「バブル潰し」と「消費増税」を再検証するとともに、マスコミを利用して国民を欺く安倍政権を"橋龍"が一刀両断！

1,400 円

小渕恵三元総理の霊言

非凡なる凡人宰相の視点

増税、辺野古問題、日韓合意──。小渕元総理から見た、安倍総理の本心とは？穏やかな外見と謙虚な言動に隠された"非凡な素顔"が明らかに。【幸福実現党刊】

1,400 円

大川隆法 ベストセラーズ・**地球的正義の実現を目指して**

地球を救う正義とは何か

日本と世界が進むべき未来

日本発〝世界恐慌〟の危機が迫っている!? イスラム国のテロや中国の軍拡など、国内外で先の見えない時代に、「地球的正義」を指し示す一冊。

1,500円

大川隆法の守護霊霊言

ユートピア実現への挑戦

あの世の存在証明による霊性革命、正論と神仏の正義による政治革命。幸福の科学グループ創始者兼総裁の本心が、ついに明かされる。

1,400円

政治革命家・大川隆法

幸福実現党の父

未来が見える。嘘をつかない。タブーに挑戦する——。政治の問題を鋭く指摘し、具体的な打開策を唱える幸福実現党の魅力が分かる万人必読の書。

1,400円

※表示価格は本体価格(税別)です。

大川隆法霊言シリーズ・正しい歴史認識と現代の全体主義者たち

公開霊言 東條英機、「大東亜戦争の真実」を語る

戦争責任、靖国参拝、憲法改正……。他国からの不当な内政干渉にモノ言えぬ日本。正しい歴史認識を求めて、東條英機が先の大戦の真相を語る。【幸福実現党刊】

1,400円

南京大虐殺と従軍慰安婦は本当か
南京攻略の司令官・松井石根大将の霊言

自己卑下を続ける戦後日本人よ、武士道精神を忘れるなかれ！ 南京攻略の司令官・松井大将自らが語る真実の歴史と、日本人へのメッセージ。

1,400円

中国と習近平に未来はあるか
反日デモの謎を解く

「反日デモ」も、「反原発・沖縄基地問題」も中国が仕組んだ日本占領への布石だった。緊迫する日中関係の未来を習近平氏守護霊に問う。【幸福実現党刊】

1,400円

北朝鮮・金正恩はなぜ「水爆実験」をしたのか
緊急守護霊インタビュー

2016年の年頭を狙った理由とは？ イランとの軍事連携はあるのか？ そして今後の思惑とは？ 北の最高指導者の本心に迫る守護霊インタビュー。

1,400円

幸福の科学出版

大川隆法 ベストセラーズ・幸福実現党シリーズ

幸福実現党宣言

この国の未来をデザインする

政治と宗教の真なる関係、「日本国憲法」を改正すべき理由など、日本が世界を牽引するために必要な、国家運営のあるべき姿を指し示す。

1,600円

政治の理想について

幸福実現党宣言②

幸福実現党の立党理念、政治の最高の理想、三億人国家構想、交通革命への提言など、この国と世界の未来を語る。

1,800円

政治に勇気を

幸福実現党宣言③

霊査によって明かされる「金正日の野望」とは? 気概のない政治家に活を入れる一書。孔明の霊言も収録。

1,600円

新・日本国憲法試案

幸福実現党宣言④

大統領制の導入、防衛軍の創設、公務員への能力制導入など、日本の未来を切り開く「新しい憲法」を提示する。

1,200円

夢のある国へ——幸福維新

幸福実現党宣言⑤

日本をもう一度、高度成長に導く政策、アジアに平和と繁栄をもたらす指針など、希望の未来への道筋を示す。

1,600円

※表示価格は本体価格(税別)です。

大川隆法ベストセラーズ・幸福実現党の目指すもの

宗教立国の精神

この国に精神的主柱を

なぜ国家には宗教が必要なのか？ 政教分離をどう考えるべきか？ 宗教が政治活動に進出するにあたっての決意を表明する。

2,000円

政治と宗教の大統合

今こそ、「新しい国づくり」を

国家の危機が迫るなか、全国民に向けて、日本人の精神構造を変える「根本的な国づくり」の必要性を訴える書。

1,800円

日本建国の原点

この国に誇りと自信を

二千年以上もつづく統一国家を育んできた神々の思いとは——。著者が日本神道・縁(ゆかり)の地で語った「日本の誇り」と「愛国心」がこの一冊に。

1,800円

幸福の科学出版

大川隆法ベストセラーズ・今後の世界情勢を読む

トランプ新大統領で世界はこう動く

英語説法
日本語訳付き

日本とアメリカの信頼関係は、再び"世界の原動力"となる――。トランプ勝利を2016年1月時点で明言した著者が示す2017年以降の世界の見取り図。

1,500円

プーチン 日本の政治を叱る
緊急守護霊メッセージ

日本はロシアとの友好を失ってよいのか? 日露首脳会談の翌日、優柔不断な日本の政治を一刀両断する、プーチン大統領守護霊の「本音トーク」。

1,400円

ドゥテルテ フィリピン大統領 守護霊メッセージ

英語霊言
日本語訳付き

南シナ海問題を占う上で重要な証言! 反米親中は本心か――隠された本音とは? いま話題の暴言大統領、その意外な素顔が明らかに。

1,400円

※表示価格は本体価格(税別)です。

大川隆法シリーズ・**最新刊**

経営戦略の転換点
危機を乗りこえる経営者の心得

豪華装丁
函入り

経営者は、何を「選び」、何を「捨て」、そして何を「見抜く」べきか。〝超〟乱気流時代を生き抜く経営マインドと戦略ビジョンを示した一冊。

10,000円

映画「君の名は。」メガヒットの秘密 新海誠監督のクリエイティブの源泉に迫る

緻密な風景描写と純粋な心情表現が共感を誘う「新海ワールド」――。その世界観、美的感覚、そして監督自身の本心に迫る守護霊インタビュー。

1,400円

守護霊メッセージ 女優・芦川よしみ 演技する心

芸能界で40年以上活躍しつづけるベテラン女優の「プロフェッショナル演技論」。表現者としての「心の練り方」「技術の磨き方」を特別講義。

1,400円

大川隆法「法シリーズ」・最新刊

伝道の法

人生の「真実」に目覚める時

法シリーズ
第23作

人生の悩みや苦しみは
どうしたら解決できるのか。
世界の争いや憎しみは
どうしたらなくなるのか。
ここに、ほんとうの「答え」がある。

2,000円

第１章　心の時代を生きる　―― 人生を黄金に変える「心の力」
第２章　魅力ある人となるためには ―― 批判する人をもファンに変える力
第３章　人類幸福化の原点　―― 宗教心、信仰心は、なぜ大事なのか
第４章　時代を変える奇跡の力　―― 危機の時代を乗り越える「宗教」と「政治」
第５章　慈悲の力に目覚めるためには　―― 一人でも多くの人に愛の心を届けたい
第６章　信じられる世界へ ―― あなたにも、世界を幸福に変える「光」がある

※表示価格は本体価格（税別）です。

大川隆法ベストセラーズ・心が明るく晴れやかになる！

アイム・ファイン

自分らしくさわやかに生きる
7つのステップ

読めば心がスッキリ晴れ上がる、笑顔と健康を取り戻すための知恵が満載。あなたの悩みの種が「幸福の種」に。

1,200円

聖地エル・カンターレ
生誕館記念映画

製作総指揮 大川隆法

映画「天使に“アイム・ファイン”」

DVD・Blu-ray
12月16日発売！

2016年3月に公開され、多くの反響を呼んだ映画「天使に“アイム・ファイン”」のDVDとBlu-rayが遂に登場。純粋な天使の姿が、あなたの心を元気にします！

映画「天使に“アイム・ファイン”」
DVD・Blu-ray

価格／DVD:4,980円(税込)
Blu-ray:5,980円(税込)
発売時期／2016年12月16日(金)
販売&レンタル同時スタート
販売場所／全国の書店、ネット販売
(幸福の科学出版公式サイト、Amazon)、
CDショップ(客注販売)
レンタル(DVDのみ)／TSUTAYA、GEO
お問い合わせ／
販売元 幸福の科学出版(03-5573-7700)

党員大募集！

あなたも**幸福**を**実現**する政治に参画しませんか。

○幸福実現党の理念と綱領、政策に賛同する18歳以上の方なら、どなたでもなることができます。

○党員の期間は、党費（年額 一般党員5,000円、学生党員2,000円）を入金された日から1年間となります。

党員になると

・党員限定の機関紙が送付されます。
（学生党員の方にはメールにてお送りいたします）

申し込み書は、下記、幸福実現党公式サイトでダウンロードできます。

幸福実現党公式サイト

・幸福実現党のメールマガジン“HRP ニュースファイル”や“幸福実現党！ハピネスレター”の登録ができます。

・動画で見る幸福実現党――
“幸福実現党チャンネル”、党役員のブログの紹介も！

・幸福実現党の最新情報や、
政策が詳しくわかります！

hr-party.jp

もしくは 幸福実現党 

★若者向け政治サイト「TRUTH YOUTH」
truthyouth.jp

幸福実現党 本部　〒107-0052 東京都港区赤坂2-10-8　TEL03-6441-0754　FAX03-6441-0764